Andi Schweiger

Vegetarisch
mit Leidenschaft

Aus eigenem Garten

ZABERT
SANDMANN

Vorwort

Ein Kochbuch zu schreiben ist schon immer mein Lebenstraum gewesen. Dass sich mein Erstling aber ausgerechnet der vegetarischen Küche widmen würde, hätte ich mir im Leben nicht träumen lassen – auch wenn ich seit meiner Kindheit Gemüse liebe und es in meiner Küche seit jeher eine Hauptrolle spielt.

Eigentlich müsste ich jedoch Albträume haben, weil ich so lange gewartet habe, dieses Buch zu schreiben. Jetzt kocht die ganze Welt vegetarisch, und manche Menschen werden vielleicht denken, ich wolle diesen Trend für mich ausnutzen. Doch so ist es ganz bestimmt nicht. Nein, ich glaube, von mir behaupten zu können, dass ich noch nie Moden hinterhergelaufen, sondern immer meinem eigenen Kopf gefolgt bin. Ich bin ein kompromisslos konsequenter Mensch, manchmal sogar bis zur Sturheit. Das hat mir im Laufe meines Lebens ein paar dicke Beulen eingebracht, aber auch die Gewissheit gegeben, dass ich immer mein Ding durchgezogen habe.

Die Idee zu diesem Buch trage ich seit Langem mit mir herum. Ich verdanke sie auch einer guten Freundin, die seit mehr als 15 Jahren klaglos auf Fleisch und Fisch verzichtet. Das ist für sie nicht immer ein Spaß. Einmal hat sie mir ihr Lieblingskochbuch gezeigt – und ich war entsetzt, wie trist und langweilig, wie lieblos und freudlos die Rezepte darin waren, wie unkreativ und einfallslos in der Gemüseküche gekocht wird. Diese Erfahrung muss ich auch immer wieder in vegetarischen Restaurants machen: Da bekommt man allen Ernstes ein Kartoffelgratin als Hauptspeise serviert. Wie öde und fad ist das denn?! Dabei bietet die fleischlose Küche doch eine unglaubliche Vielfalt an Möglichkeiten.

Das Thema ging mir nicht mehr aus dem Kopf. Ich beschäftigte mich immer intensiver damit, recherchierte viel und las Bücher über vegetarische Ernährung. Vor allem »Tiere essen« von Jonathan Safran Foer hat mich sehr beeindruckt. Zum Vegetarier bin ich darüber aber nicht geworden. Nein, ich liebe noch immer Fleisch, und ich liebe Fisch, aber nur in bester Qualität. Discounter-Ware rühre ich nicht an, dieses dubiose Hackfleisch zu unfassbaren Ramschpreisen oder diese

zerrupften Tiefkühlhühner für drei, vier Euro. Also: Lieber gar kein Fleisch essen als schlechtes Fleisch. Deswegen lege ich inzwischen oft einen Veggieday ein – und das empfehle ich auch allen meinen Lesern.

Das Entwickeln der Rezepte war für mich ein Aha-Erlebnis. Nicht nur, weil ich selbst noch viel gelernt habe, auch meine Einstellung zu Gemüse hat sich während des Schreibens verändert. Natürlich habe ich Gemüse und Kräuter immer zu schätzen gewusst, schon während meiner Ausbildung zum Koch. Ich erinnere mich noch ganz genau an einen Satz, den mir vor einigen Jahren der Küchenchef meines Restaurants einmal gesagt hat: »Andi, du hast vor Schnittlauch genauso viel Respekt wie vor einem Steinbutt«; das ist ungefähr der edelste und teuerste Fisch, den es gibt. Auf diesen Satz bin ich bis heute wirklich stolz, weil er mich absolut treffend charakterisiert.

Aber erst durch das Schreiben dieses Buches habe ich den Reichtum, den die Gemüseküche zu bieten hat, in vollem Umfang begriffen. Mir wurde klar, dass Gemüse niemals nur eine Beilage ist, sondern der Star jedes Gerichts sein kann. Es ist Fleisch und Fisch vollkommen ebenbürtig und kann auch genauso raffiniert zubereitet werden wie ein Filet oder ein Entrecôte. Die wichtigste Erkenntnis aber war für mich: Wer vegetarisch isst, übt keinen Verzicht, lebt nicht in Askese und unterwirft sich keiner Selbstbeschränkung, sondern erlebt fantastische Freuden auf dem Teller.

Ich behaupte jetzt einfach mal: Jeder, der glaubt, vegetarisch sei langweilig oder dröge, wird seine Meinung ändern, sobald er den ersten Blick in mein Buch geworfen hat. In ihm steckt meine ganz persönliche Interpretation von vegetarischer Küche. Dabei gelten für mich vier goldene Regeln, die das Gemüse erst richtig zur Geltung bringen:

1. Gemüse möglichst nie kochen, sondern kurz braten oder dünsten, weil sonst die meisten Aromen mit dem Kochwasser davonschwimmen, statt auf dem Teller zu landen. Man kann viele Gemüsesorten aber auch wunderbar roh verarbeiten, am besten hauchdünn geschnitten, gehobelt oder fein gerieben, als Carpaccio, Salat oder Brotbelag. Verfeinert mit nur wenigen Zutaten – einem guten Öl oder einem 13 Jahre alten Aceto balsamico. So erlebt man den ureigenen Geschmack des jeweiligen Gemüses am intensivsten.

2. Experimentierfreudig sein und sich trauen, die Zutaten, die einem in der vegetarischen Küche zur Verfügung stehen, völlig neu zu kombinieren. Ich mache zum Beispiel ein Gemüserisotto mit Artischocken und Mirabellen oder Gnocchi mit Kaffeearoma auf Orangen-Chicorée und Schwarzwurzel-Estragon-Gemüse. Ich schmecke Schmorgurke mit Vanillemark ab und gebe zum Rotkohl eine Handvoll Mangowürfel. Ich stelle immer wieder verblüfft fest, wie gut scheinbar unmögliche Mischungen funktionieren. Natürlich hilft hier auch die Erfahrung. Als junger Koch hätte ich mich mit solchen Kreationen schwergetan, aber mit der Zeit habe ich gelernt, welche Aromen gut zu welchem Gemüse passen.

3. Bei der Verarbeitung und Zubereitung hin und wieder andere Wege einschlagen und sich nicht immer nur an die gewohnten Methoden halten. Rosenkohl etwa verarbeite ich nie als ganze Röschen, sondern teile sie in die einzelnen Blätter. Tomaten mixe ich kurz mit dem Stabmixer an und lasse sie dann über Nacht »abhängen«. Sie werden staunen, was

man mit dem abgetropften Tomatenwasser alles anstellen kann. Und Schwarzwurzeln bereite ich am liebsten »sous vide« zu, also im Plastikbeutel vakuumiert und in heißem, aber nicht kochendem Wasser, langsam gegart. Zugegeben, manche Zubereitungsart dauert ihre Zeit. Dafür bietet sie aber auch ein unvergleichliches Geschmackserlebnis, das den Aufwand lohnt. In der Regel habe ich aber versucht, Gerichte zu kreieren, die gleichzeitig spektakulär und simpel, also alltagstauglich und in kurzer Zeit von jedem Hobbykoch zuzubereiten sind.

4. Die Qualität muss stimmen. Das ist wahrscheinlich der wichtigste Punkt, denn wenn das Gemüse von sich aus keinen Geschmack mitbringt, hilft auch die ausgefallenste Zubereitungsmethode nicht mehr. Ich habe das Riesenglück, dass meine Schwiegereltern in Rosenheim einen Gemüsegarten bewirtschaften und mir fast das ganze Jahr über frische Ware in mein Restaurant liefern. Kohlrabi, Tomaten, Zucchini, Kürbis ... Besser geht es natürlich nicht. Aber auch ohne eigenen Garten kann man Gemüse in hochwertiger Qualität bekommen, man muss nur auf die richtige Jahreszeit achten. Deshalb ist dieses Buch auch nach Frühling, Sommer, Herbst und Winter unterteilt, denn am besten kocht man immer mit den Gemüsen, die gerade Saison haben und dann vielleicht sogar aus der Region stammen. Und ganz nebenbei hat man so auch eine natürliche Abwechslung auf dem Teller – im wahrsten Sinne des Wortes.

Natürlichkeit liegt mir sehr am Herzen, gerade weil sie beim Essen mehr und mehr zu verschwinden droht. Das ist für mich zu einem Riesenproblem geworden: Unsere Ernährung folgt nicht mehr den Regeln der Natur, sondern denen der Industrie. So kommt es, dass wir viel zu wenig über unser Essen wissen, über seine Herkunft, seinen Werdegang, seine Zusatzstoffe. Und wir werden – das muss ich leider sagen – von der Nahrungsmittelindustrie manchmal belogen und betrogen. Wir essen viel zu viel Zeug, das nichts anderes als ein falsches Versprechen ist. Das will ich mit meinem Buch ändern. Es soll ein Schritt zurück sein zu den Ursprüngen, zum Unverfälschten, zur Frische und zur Wahrheit. Und die findet man am leichtesten beim Gemüse.

Mir geht es mit diesem Buch nicht um Bekehrung oder Belehrung. Jeder darf sich auf seine Weise glücklich essen. Deswegen habe ich mein Kochbuch sowohl für Vegetarier als auch für Fleischliebhaber geschrieben, die ab und zu Lust auf Tage »ohne« haben und bereit sind, ihren kulinarischen Horizont zu erweitern. Ich kann nur sagen: Es lohnt sich! Und es macht einen Mordsspaß!

Heidi Schweiger

Meine Geschichte

Ich wollte schon als Kind Koch werden. Dafür gibt es sogar schriftliche Beweise. Denn im unschuldigen Alter von acht Jahren habe ich meinen sehnlichsten Berufswunsch dem Poesiealbum meiner Schwester anvertraut: Koch. Wie ich darauf kam, kann ich aber beim besten Willen nicht sagen.

Ich habe das Glück, dass ich in Deutschlands schönstem Schlaraffenland, in Baden, geboren wurde. Meine Eltern hatten zwar mit Sterneküche absolut nichts am Hut, dennoch ist meine Mutter eine wunderbare Köchin, die uns stets mit leckerem Essen und feinem Backwerk verwöhnt hat. Zudem ist sie handwerklich sehr geschickt – sie hat beispielsweise selbst Puppen hergestellt. Mir hat diese Liebe zum sorgfältigen Arbeiten mit den Händen sehr geholfen. Denn Kochen ist bei aller Kreativität immer auch Handwerkskunst.

Ein besonders guter Schüler bin ich nie gewesen, eher einer von der Sorte, zu dem die Lehrer sagen: »Wenn du dich ein bisschen mehr auf den Hintern setzen würdest, könntest du es weit bringen im Leben.« Als Jugendlicher hatte ich eigentlich immer nur meine Kumpels und mein Moped im Kopf. Ich lief als Punk durch die Gegend, Springerstiefel, Batikhose, rosafarbene Haare, an der Seite auch noch rasiert, das volle Programm und bestimmt kein schöner Anblick. Und mit diesem Outfit wollte ich tatsächlich Koch werden.

Einer meiner besten Freunde war der Sohn einer Winzerfamilie, die alle guten Restaurants in der Umgebung belieferte. Seine Eltern sagten zu mir: Wenn du schon das Kochen lernen willst, dann wenigstens anständig. Sie vermittelten mir ein Praktikum im Hotel Talmühle in Sasbachwalden, in dem ich dann meine Ausbildung absolvierte. Dort gab es nicht nur gutbürgerliche Küche, sondern auch ein Sternerestaurant, sodass ich die ganze große, weite, wunderbare Welt der Küche kennenlernen konnte, von Spätzle und Spießbraten bis zu Wachteln und Foie gras. Vor allem aber habe ich in Sasbachwalden Demut und Bescheidenheit gelernt, weil ich immer wieder eins auf die Mütze bekommen habe. Demütig bin ich bis heute geblieben, vor allem aber auch ehrlich und geradeheraus. Ich bringe selbst den Müll raus, schrubbe eigenhändig den Fußboden in meiner Kochschule und bin froh darüber, nie die Bodenhaftung verloren zu haben.

Ich bekam ein gutes Zeugnis in Sasbachwalden, das mir alle Türen öffnete. Was dann folgte, war die übliche Knochentour durch die Spitzenküchen der Sterneköche. Ich habe dabei viel gelernt, aber auch eine Menge gelitten. Kochen auf diesem Niveau ist kein Zuckerschlecken. Morgens um sieben haben wir angefangen und sofort Vollgas gegeben, um dann um Mitternacht völlig fertig aus der Küche zu torkeln. Mehr als einmal wollte ich alles hinschmeißen. Doch ich habe mich immer wieder durchgebissen.

Nach ein paar Jahren bin ich bei Holger Stromberg in München gelandet. Das war ein Riesenglück, nicht nur, weil ich bei ihm meine Frau Franziska kennengelernt habe, eine geniale Konditorin, eine Göttin der Patisserie. Genauso wichtig war für mich, dass mir Holger die Freude am Kochen zurückgegeben hat. Endlich konnte ich bei der Arbeit wieder lachen – und da habe ich mir geschworen: Für den Rest meines Lebens soll mir das Kochen nur noch Spaß machen, ganz egal, wie anstrengend es ist.

Irgendwann war die Zeit reif für ein eigenes Restaurant. Franziska und ich wagten den Sprung ins kalte Wasser und eröffneten ein Lokal in München, das im Grunde eine Bruchbude mit Miniküche war. Wir haben alles alleine gemacht und fast rund um die Uhr geschuftet. Ich kochte Bistrostil, keine Spitzenküche, denn mit der Jagd nach den Sternen hatte ich innerlich abgeschlossen. Doch dann kam dieser Wahnsinnstag, an dem mir Franziska drei Sterne als Tattoo für den Unter-

arm schenkte. Am selben Tag besuchten die Tester vom Guide Michelin zum ersten Mal unser Restaurant – und zwei Jahre später hatten wir unseren Stern. Wenn das kein Schicksal ist!

Inzwischen können wir guten Gewissens sagen, dass wir uns einen festen Platz in der Münchner Sternegastronomie erobert haben. Das liegt nicht nur an der harten Arbeit, die Franzi und ich Tag für Tag leisten, sondern auch an meinem wunderbaren Team, das einen super Job macht. Ohne diese Mitarbeiter könnte ich niemals noch parallel für die TV-Kochdoku »Die Kochprofis« unterwegs sein – eine Aufgabe, die mir viel Spaß macht, mich aber auch sehr fordert.

Einen Ausgleich zur vielen Arbeit liefert mir der Gemüsegarten meiner Schwiegereltern in Rosenheim. Gerade in den Frühlings- und Sommermonaten, wenn alles in voller Blüte steht oder reif zum Ernten ist, komme ich gerne hierher. Der Garten ist ein idyllischer Ort, fast so groß wie ein Fußballfeld, ganz ruhig an einer Privatstraße gelegen, ohne Durchgangsverkehr, dafür mit einem fantastischen Blick auf die Berge – also das ideale Plätzchen für mich, um abzuschalten und zur Ruhe zu kommen. Meine Schwiegereltern sind leidenschaftliche Naturmenschen, kennen jede Blüte, jede Blume, jedes Kraut und vollbringen wahre Wunder in ihrem Garten. Meiner Frau Franziska wurde die Naturliebe also in die Wiege gelegt. Und zum Glück teilt sie diese Liebe großzügig mit mir.

Wenn ich auf mein bisheriges Leben zurückschaue, denke ich mir, dass alles so kommen musste und gar nicht anders kommen konnte. Denn ich bin nun mal kein Sparschäler, und ich backe nicht gerne kleine Brötchen. Ich mag keine faulen Kompromisse. Ich liebe Leidenschaft und mache alles, was ich anpacke, immer mit Haut und Haaren.

Das gilt nicht nur für das Kochen, sondern auch für meine zweite große Passion: meine Motorräder. Ich habe ein paar davon, und am meisten mag ich die schönen, alten, stinkenden Rumpelkisten, die irrsinnig laut sind und die man liebevoll tätscheln muss, wenn sie ausgehen – sonst springen sie nie wieder an. Und wenn ich in meiner knappen Freizeit nicht auf dem Sattel sitze, dann stehe ich auf dem Snowboard. Mit meinen Leuten aus dem Restaurant fahre ich zweimal im Jahr in den Schnee, das sind dann meine Familienausflüge.

Ich gebe zu: Sowohl im Schnee als auch auf dem Motorrad und erst recht in der Küche kann ich meinen Ehrgeiz kaum bremsen. Ich gebe in jeder Hinsicht gerne Vollgas, das liegt mir einfach im Blut. Ich weiß auch nicht, warum ich die Geschwindigkeit so liebe. Vielleicht habe ich Angst davor, etwas im Leben zu verpassen. Beim Kochen aber komme ich trotz meines Ehrgeizes wieder herunter. Das ist mein Ruhepol, da bin ich ganz bei mir, obwohl ich in der Küche immer laute, schnelle Musik höre, Hardrock oder Trash Metal. Doch das macht mich nicht aggressiv, im Gegenteil: Es beruhigt mich. Metal ist sozusagen mein Mozart. Dass mich manche deswegen für einen Freak halten, ist mir schnurzegal. Ich kann eben nichts dafür, dass ich so ein emotionaler Mensch bin. Und wer weiß, vielleicht muss man ja auch genau so sein, um ein guter Koch zu werden.

Frühling

Frühling

Endlich Frühling! Auf keine andere Jahreszeit warte ich als Koch – und natürlich auch als Mensch – sehnsüchtiger als auf das Frühjahr. Es ist jedes Mal ein Fest der Sinne für mich, ein Fest der Farben, der Frische, der Vielfalt. Denn ab jetzt beschenkt uns die Natur wieder verschwenderisch mit ihren Schätzen.

Ich spüre dann immer ein richtiges Frühlingserwachen. Mir geht das Herz über, wenn es im Garten meiner Schwiegereltern zu sprießen beginnt, wenn mir der erste Rhabarber und die ersten Kräuter geliefert werden, wenn es wieder Spargel, Morcheln und Zuckerschoten gibt, wenn meine Küche nach frischem Blumenkohl und würzigen Frühlingszwiebeln duftet.

Ich weiß, dass viele Menschen mit einigen Gemüsen Schwierigkeiten haben. Der Frühlingsklassiker Rhabarber zum Beispiel spaltet wegen seiner starken Säure die Gemüter. Dabei ist es nur eine Frage der Zubereitung und natürlich der richtigen Zuckermenge, um aus den sauren Stangen eine süße Köstlichkeit zu zaubern. Und mit Spargel kann man viel mehr machen, als ihn immer nur zu kochen – in hauchdünnen Streifen kann man ihn sogar roh essen. Auch mit Erbsen und Morcheln kombiniert, schmeckt er super oder mit Wildkräutern und Manchego, einem spanischem Schafskäse.

Der Frühling bietet viele Variationsmöglichkeiten und jede Menge Raum, um Gemüsesorten neu zu betrachten und zu interpretieren. Das liegt auch daran, dass sich die Reifezeit von Pflanzen natürlich nicht streng in genau vier Jahreszeiten teilen lässt. Die ersten Frühjahrsboten treffen noch auf die Spätzünder des Winters, bis langsam der Sommer beginnt, die Auswahl immer größer wird und es schließlich eine Zeit lang alles im Überfluss gibt. Auch um diese Übergänge soll es im folgenden Kapitel gehen. Ich habe meiner Fantasie dabei freien Lauf gelassen und mich am Herd richtig ausgetobt, ohne Scheu und ohne Konventionen Neues ausprobiert. Ich habe ein Millefeuille von Kohlrabi und Kapstachelbeeren mit weißer Kuvertüre kreiert, eine Kartoffelroulade mit Ricotta-Spinat-Füllung auf Tomatensugo und Parmesanschaum oder einen Zuckerschoten-Couscous-Salat mit einem Zitronengrasschaum.

Spargel

Spargel ist das Saisongemüse schlechthin. Ich freue mich immer riesig darauf und versuche die drei Spargelmonate so gut es geht auszukosten. Aber wenn sie vorbei sind, dann ist es auch gut. Dann kann ich geduldig wieder neun Monate warten. Sosehr ich Spargel – vor allem den weißen – liebe: Ich muss ihn nicht auch noch im Herbst und im Winter haben, selbst wenn es ihn noch hier und da zu kaufen gibt, aus fernen Ländern nach Deutschland gekarrt. Davon hat der Gaumen so wenig wie die Umwelt.

Und so schmeckt's mir am besten

Weißen Spargel schäle ich mit dem Spar- bzw. Spargelschäler. Aber eben nicht nur, um die Schale zu entfernen. Nachdem die äußere Schicht erst einmal entfernt ist, kann man die Spargelstangen einfach immer weiter in dünne Streifen »schälen«. Man braucht sie dann gar nicht mehr kochen, sondern bloß mit einem guten Balsamico – ich nehme gerne einen 13 Jahre alten Aceto balsamico – marinieren und mit einigen frisch gehobelten Parmesanspänen bestreuen, fertig! Schneller und schmackhafter kann man Spargel nicht zubereiten.

Die inneren Werte: Spargel bzw. die Spargelwurzel hat eine lange Geschichte als Heilmittel und war früher offiziell als Arznei anerkannt. Aber auch die Stangen haben es in sich, sie enthalten zum Beispiel Vitamin A, C und E sowie Kalzium und Phosphor; Asparaginsäure und Kalium sind für die harntreibende Wirkung verantwortlich.

Jetzt zugreifen: Spargelsaison ist von April bis Juni – und sie ist kaum zu übersehen. Vom Supermarkt bis zum Gemüsestand an der Ecke wird er überall angeboten, darunter viel frischer Spargel aus Deutschland, erste Güteklasse, 1-A-Qualität.

Beim Einkauf beachten: Frischer Spargel ist schön glänzend weiß und nicht schrumpelig, er lässt sich nicht verbiegen, sondern bricht mit einem saftig-knackigen Geräusch. Und wenn man zwei Stangen aneinanderreibt, quietscht es etwas.

So bleibt's länger frisch: Das meiste Gemüse sollte man zeitnah verarbeiten, so auch Spargel. Muss man ihn ein paar Tage aufbewahren, dann behandelt man Spargel am besten wie einen Strauß Blumen: In ein feuchtes Tuch wickeln und hochkant ins Wasser stellen, idealerweise im Kühlschrank.

Erbsen

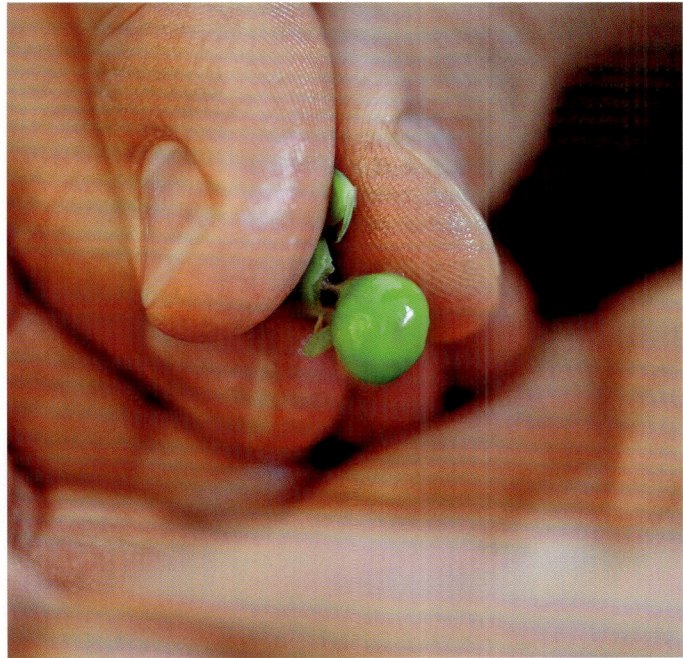

Erbsen werden frisch, tiefgekühlt und getrocknet verkauft, vor allem so unterscheidet man sie als Verbraucher. Der Handel differenziert zwischen Markerbsen, Schal- bzw. Palerbsen und Zuckererbsen. Letztere heißen auch Kaiserschoten oder Mangetout; ihnen fehlt die harte Innenhaut, weshalb man sie als ganze Schoten essen kann. Markerbsen werden frisch auf Wochenmärkten angeboten, der größte Teil landet aber als Konserve oder Tiefkühlware im Supermarkt – die hellen Exemplare kommen ins Glas, die dunklen werden eingefroren. Schalerbsen werden meist getrocknet. Im Vergleich zu den Markerbsen, die einen Teil ihrer Kohlenhydrate als Zucker einlagern, sind sie weniger süß, stärkehaltiger und daher etwas mehliger im Geschmack.

Jetzt zugreifen: Frische Erbsen gibt es von Mai bis August. Außerhalb der Saison ist aber auch gegen tiefgekühlte Erbsen nichts einzuwenden. Von einer guten Firma schockgefrostet, haben sie immer noch beste Qualität.

Beim Einkauf beachten: Wenn Sie frische Erbsen in Schoten kaufen, brauchen Sie etwa das dreifache Gewicht dessen, was Sie später als reine Erbsen für das Rezept benötigen.

Für praktisch veranlagte Köche mit wenig Zeit: Erbsen eignen sich gut für Pürees und Suppen, da sie stärkehaltig sind und gut binden. Natürlich sind frische Erbsen zu bevorzugen, zum Pürieren ist aber auch der Griff zur Tiefkühlware mal okay.

Für Küchenkünstler mit viel Zeit: Es gibt wahrscheinlich keine Zubereitungsweise, die so aufwendig ist, wie einzelne Erbsen zu schälen. Dafür bietet diese Methode aber auch ein sensationelles, einmaliges Geschmackserlebnis (siehe Kasten unten).

Und so schmeckt's mir am besten

Für die beste Zubereitungsmethode für Erbsen braucht man frische Ware, also Erbsenschoten, und eine große Portion Geduld. Denn zunächst müssen die Erbsen gepalt werden, dann blanchiert und dann geschält (siehe Tipp S. 38). Das ist zwar sehr arbeitsintensiv, aber so werden die Erbsen besonders zart und schmelzen später beinahe auf der Zunge. Durch das Schälen der einzelnen Erbsen zerfallen diese in zwei Hälften, die ich ganz kurz zusammen mit ein paar Schalottenwürfeln in ein bisschen Butter in einer Pfanne andünste. Ein Traum!

Junger Knoblauch

Viele Menschen schrecken vor dem Einsatz von Knoblauch zurück, weil sie sich vor den geruchlichen Nachwirkungen fürchten. Dabei ist alles halb so wild, wenn es sich um jungen, frischen Knoblauch handelt. Und wenn dieser dann noch gegart wird – also gekocht, gebraten oder geschmort –, ist er so mild und fein im Geschmack, dass ihn selbst ein Vampir mit Freude essen würde. Zugegeben, roher getrockneter Knoblauch ist eher etwas für die hartgesottenen Knofi-Fans, aber auch dagegen ist natürlich nichts einzuwenden; gesund ist er allemal.

Und so schmeckt's mir am besten

Da junger Knoblauch so mild ist, kann man aus ihm wunderbar eine Suppe zubereiten und diese genießen, ohne danach tagelang nach Knoblauch zu riechen. Dafür 3 junge Knollen klein schneiden, mit 2 in Würfel geschnittenen Schalotten in Butter andünsten und mit 100 ml Weißwein ablöschen. Mit 200 g Sahne aufgießen, etwas einköcheln lassen, pürieren und 100 bis 200 ml Milch untermixen, bis die gewünschte Konsistenz erreicht ist. Wer möchte, kann die Suppe zum Servieren mit ein paar frischen Kräutern oder knusprigen Croûtons bestreuen.

Die inneren Werte: Knoblauch ist eine der ältesten Kulturpflanzen. Seit man ihn kennt, werden ihm gesundheitsfördernde Eigenschaften nachgesagt. Und tatsächlich legen Untersuchungen nahe, dass er blutfett- und cholesterinspiegelsenkend wirkt – natürlich nur, wenn man ihn großzügig verwendet.

Beim Einkauf beachten: Es gibt weiße und rote bzw. violette Knoblauchsorten, die sich im Geschmack aber nicht wesentlich unterscheiden. Frischen jungen Knoblauch erkennt man am saftigen grünen Strunk und einer elastischen Haut.

Für praktisch veranlagte Köche mit wenig Zeit: Junger Knoblauch ist für die schnelle Küche ideal, denn man muss ihn nicht mal schälen. Meist schneide ich die ganzen Knollen quer in Scheiben und brate sie kräftig in Öl an. Werden dabei ein paar Stellen zu dunkel, diese anschließend wegschneiden.

Nahe Verwandte: Zum engen Familienkreis gehören die Zwiebel und der Schnittlauch, aber auch der Bärlauch. Dieses grüne Kraut verwende ich im Frühjahr und Sommer fast ebenso gerne wie den jungen Knoblauch. Es schmeckt ganz ähnlich, nur fast noch feiner und milder und ist daher ideal für Pesto.

Kohlrabi

Im Gemüsegarten meiner Schwiegereltern bauen wir sowohl grünen als auch lila Kohlrabi an. Einfach, weil es so hübsch aussieht. Aber ganz ehrlich: Bei einer Blindverkostung würde ich keinen Unterschied schmecken. Und wenn die Knollen erst mal geschält sind, sind sie auch optisch nicht zu unterscheiden. Ganz unabhängig davon, welche Farbe ein Kohlrabi hat, lohnt es sich immer, auch die Blätter zu verwenden. Und zwar nicht nur, weil sie geschmacklich eine Bereicherung sind.

Die inneren Werte: Hier schlagen die Kohlrabiblätter die Knollen um Längen. Auch diese haben schon einen ansehnlichen Gehalt an Vitamin C (eine Knolle deckt gut die Hälfte des täglichen Bedarfs), aber in den Blättern steckt glatt das Doppelte. Noch deutlicher zeigen sich die Unterschiede bei Kalzium, Eisen und Karotin. Hier sind die Werte 10-mal, bei Karotin sogar 100-mal so hoch. Zumindest zarte Blätter schneide ich daher immer in feine Streifen und gebe sie am Ende über das Gericht.

Jetzt zugreifen: Kohlrabi hat eine lange Saison. Er wird als eines der ersten Gemüse im Frühjahr reif, und es gibt ihn bis in den Spätsommer und Herbst hinein. Lange genug Zeit also, um eine Menge köstlicher Kohlrabigerichte zuzubereiten.

Beim Einkauf beachten: Kohlrabi immer mit Blättern daran kaufen, auch weil man so gut die Frische erkennen kann. Hängen die Blätter schlaff herab oder sind sie schon gelblich, lieber die Finger davon lassen! Und sehr große Exemplare sind oft holzig, besser greift man zu den kleineren Knollen.

So bleibt's länger frisch: Kohlrabi hält sich im Kühlschrank gut eine Woche, oft auch länger. Die Blätter sollte man aber vorher abtrennen, separat lagern und bald aufbrauchen.

Und so schmeckt's mir am besten

Es gibt ja mittlerweile eine unzählige Menge ausgefallener Küchengeräte auf dem Markt – darunter vieles, was die Welt nicht braucht, aber auch einiges Nützliches. Einer meiner Favoriten ist die sogenannte »Spaghettimaschine«. Damit kann man alle möglichen Gemüsesorten in feine lockige Spiralen schneiden – eben auch Kohlrabi. Und das mache ich am liebsten mit der hellgrünen Knolle. Die fertigen Kohlrabispaghetti dann nur noch ein bisschen mit Salz würzen und von der Hand in den Mund gleich roh genießen!

Kapuzinerkressesüppchen mit Gartensalat

Zutaten für 4 Personen

Für das Kapuzinerkressesüppchen:
100 g Schalotten
1/4 Knollensellerie
1 Stange Lauch
1/2 Fenchelknolle
50 g Butter
200 ml trockener Weißwein
Meersalz
200 g Sahne
200 ml Milch
50 g Kapuzinerkresseblätter

Für den Gartensalat:
2 Stiele Petersilie
6 Stiele Kerbel
4 Stiele Basilikum
4 Ringelblumenblüten
12 Kapuzinerkresseblätter
10 Melonen-Gurken (ersatzweise
1 Gärtnergurke)
Meersalz
1 EL Gemüsebrühe
1 TL Holunderblütensirup
2 EL alter Aceto balsamico
3 EL Olivenöl
20 Borretschblüten
16 Hornveilchenblüten
1 EL Kressemix (z.B. Shizokresse,
Gartenkresse, Erbsensprossen,
Rotkohlsprossen)

1   Für das Kapuzinerkressesüppchen die Schalotten schälen und vierteln. Den Sellerie putzen, schälen und in etwa 3 cm große Stücke schneiden. Den Lauch putzen, längs halbieren und waschen. Den weißen Teil in etwa 3 cm große Stücke schneiden. Den Fenchel putzen, waschen, den harten Strunk entfernen und den Fenchel ebenfalls in etwa 3 cm große Stücke schneiden.

2   In einem Topf die Butter erhitzen und das Gemüse darin hell andünsten. Mit dem Wein ablöschen, mit Meersalz würzen und alles etwa 5 Minuten köcheln lassen. Die Sahne dazugeben und weitere 5 Minuten köcheln lassen. Die Milch angießen und erneut etwa 10 Minuten köcheln lassen.

3   Inzwischen für den Gartensalat die Kräuter waschen und trocken schütteln. Petersilien-, Kerbel- und Basilikumblätter von den Stielen zupfen. Die Blütenblätter von den Ringelblumen zupfen. Die Gurken waschen und in Scheiben schneiden, leicht mit Meersalz bestreuen und in eine Schüssel geben.

4   Die Brühe erwärmen und mit Meersalz würzen. Den Sirup und den Essig unterrühren. Das Olivenöl mit dem Schneebesen unterschlagen. Die Kräuterblätter zu den Gurken geben und mit der Holunderblüten-Vinaigrette mischen. Die Blüten und den Kressemix über den Salat streuen.

5   Für die Suppe die Kapuzinerkresseblätter waschen, trocken tupfen und grob hacken. Das Gemüse mit dem Stabmixer oder im Küchenmixer fein pürieren. Die Kapuzinerkresseblätter dazugeben und ebenfalls fein mixen. Die Suppe nach Belieben durch ein feines Sieb streichen, mit Meersalz abschmecken und in Suppenschälchen verteilen. Das Kapuzinerkressesüppchen mit dem Gartensalat servieren.

Tipp: Besonders fein und intensiv grün wird die Suppe, wenn man die Kapuzinerkresseblätter zuvor tiefkühlt und anschließend in einer Plastiktüte zu Pulver zerstößt oder mit einem leistungsstarken Mixer pulverisiert. Wenn ich die Blüten und Kräuter nicht bekomme, serviere ich das Kapuzinerkressesüppchen auch mal nur mit einem einfachen gemischten Salat. Dazu zerzupfe ich dann ein paar normale Blüten und streue sie als Deko auf den Tisch.

Kopfsalat-Schaumsüppchen mit Crème fraîche und Schnittlauch

Zutaten für 4 Personen

4 Schalotten
2 Kopfsalate
50 g Butter
200 ml trockener Weißwein
600 g Sahne
Meersalz
1/2 Bund Basilikum
4 Tomaten
1/2 Bund Schnittlauch
4 EL Crème fraîche

1 Die Schalotten schälen und in Ringe schneiden. Von den Kopfsalaten die äußeren Blätter entfernen. Die Salate in die einzelnen Blätter teilen, waschen und trocken schleudern.

2 Die Butter in einem großen Topf erhitzen und die Schalotten darin glasig dünsten. Den Kopfsalat dazugeben und etwa 2 Minuten mitdünsten. Mit dem Wein ablöschen und etwa 2 Minuten einköcheln lassen. Die Sahne dazugießen, mit Meersalz würzen und alles etwa 5 Minuten köcheln lassen.

3 Das Basilikum waschen, trocken schütteln und die Blätter abzupfen. Die Blätter zum Kopfsalat geben und 5 Minuten ziehen lassen. Die Salat-Basilikum-Mischung mit dem Stabmixer pürieren. Die Suppe nach Belieben durch ein feines Sieb streichen und mit Meersalz abschmecken.

4 Die Tomaten waschen, vierteln und entkernen, dabei die Stielansätze entfernen. Die Tomatenviertel in Würfel schneiden. Den Schnittlauch waschen, trocken schütteln und in Röllchen schneiden.

5 Die Crème fraîche glatt rühren. Die Tomatenwürfel in vorgewärmte Suppenschälchen verteilen, die Suppe darübergießen und jeweils 1 EL Crème fraîche daraufgeben. Mit den Schnittlauchröllchen bestreuen und servieren.

Tipp: Anstelle von Sahne können Sie auch Milch oder Gemüsebrühe verwenden. Die Suppe wird dann leichter, schmeckt allerdings auch nicht mehr ganz so cremig und aromatisch.

Eintopf mit Bulgur, dicken Bohnen und Kohlrabi-Hüttenkäse-Taschen

Zutaten für 4 Personen

Für den Eintopf:
600 g dicke Bohnen
Meersalz
1 Kohlrabi
2 Tomaten
1/2 Bund Schnittlauch
2 Schalotten
80 g Butter
100 g Bulgur
ca. 300 ml Gemüsebrühe

Für die Kohlrabi-Hüttenkäse-Taschen:
1 Kohlrabi
Meersalz
1/4 Bund Schnittlauch
250 g Hüttenkäse
Pfeffer aus der Mühle
50 g Butter

1 Für den Eintopf die dicken Bohnen palen und die Bohnenkerne (etwa 200 g) in kochendem Salzwasser etwa 1 Minute garen. In ein Sieb abgießen, kalt abschrecken und die Bohnenkerne aus den Häutchen drücken.

2 Den Kohlrabi putzen, schälen, halbieren und in feine Streifen schneiden. Die Tomaten waschen, vierteln und entkernen, dabei die Stielansätze entfernen. Die Tomaten in Würfel schneiden. Den Schnittlauch waschen, trocken schütteln und in feine Röllchen schneiden. Die Schalotten schälen und in feine Würfel schneiden.

3 Die Hälfte der Butter in einer Pfanne erhitzen und die Schalotten darin glasig dünsten. Den Bulgur dazugeben, kurz mitdünsten und die Brühe angießen. Den Bulgur zugedeckt bei schwacher Hitze etwa 8 Minuten garen.

4 Inzwischen für die Kohlrabi-Hüttenkäse-Taschen den Kohlrabi putzen, schälen und mit dem Gemüsehobel in feine Scheiben hobeln. Die Scheiben in einer Schüssel mit Meersalz bestreuen und 5 Minuten ziehen lassen.

5 Den Schnittlauch waschen, trocken schütteln und in feine Röllchen schneiden. Den Hüttenkäse mit dem Schnittlauch mischen und mit Meersalz und Pfeffer abschmecken. Die Kohlrabischeiben auf einer Platte auslegen. Auf jede Scheibe etwas Hüttenkäse geben und zusammenklappen. Die Butter in einer Pfanne erhitzen und die Kohlrabi-Hüttenkäse-Taschen darin kurz erwärmen.

6 Für den Eintopf die Kohlrabistreifen und die dicken Bohnen zum Bulgur geben und etwa 2 Minuten mitgaren. Zum Schluss Tomaten und Schnittlauch untermischen, mit Meersalz abschmecken und die restliche Butter unterrühren. Den Eintopf in tiefe Teller verteilen und mit den Kohlrabi-Hüttenkäse-Taschen servieren.

Kräutersüppchen mit weißem Spargel und Blini

Zutaten für 4 Personen

Für die Blini:
1/8 l Milch
1/2 Würfel (21 g) frische Hefe
120 g Mehl
50 g Butter
55 g Buchweizenmehl
Meersalz
Öl zum Braten

Für das Kräutersüppchen:
50 g Lauch (der weiße Teil)
50 g Staudensellerie
50 g Knollensellerie
2 Schalotten
1 EL Butter
80 ml trockener Weißwein
220 ml Milch
je 1/4 Bund Schnittlauch, Petersilie,
Basilikum, Estragon und Kerbel
Meersalz

Für den Spargel:
8 Stangen weißer Spargel
Meersalz
Zucker
1 Bio-Zitrone

1 Für die Blini die Milch lauwarm erhitzen und in eine Schüssel geben. Die Hefe hineinbröckeln und glatt rühren. Das Mehl unterrühren und den Vorteig zugedeckt an einem warmen Ort etwa 1 Stunde gehen lassen.

2 Inzwischen die Butter in einem kleinen Topf bei mittlerer Hitze zerlassen und langsam erhitzen, bis sie goldbraun ist und ein nussiges Aroma hat. Den Vorteig mit der Nussbutter, dem Buchweizenmehl sowie etwas Meersalz verrühren und den Teig zugedeckt an einem warmen Ort 30 Minuten gehen lassen.

3 Für das Kräutersüppchen den Lauch längs halbieren und waschen, trocken schütteln und in Streifen schneiden. Den Staudensellerie putzen, waschen und in etwa 3 mm dicke Stücke schneiden. Den Knollensellerie schälen und in etwa 1 cm große Würfel schneiden. Die Schalotten schälen und in feine Würfel schneiden. Die Butter in einem Topf erhitzen, Schalotten und Gemüse darin ein paar Minuten andünsten. Den Wein angießen und das Gemüse mit geschlossenem Deckel etwa 15 Minuten dünsten.

4 Inzwischen für den Spargel den Spargel schälen und die holzigen Enden entfernen. Die Stangen nacheinander auf ein Schneidebrett legen und mit dem Sparschäler von der Spitze bis zum Ende in dünne Streifen »schälen«. Die Spargelstreifen mit 2 Prisen Meersalz und 1 Prise Zucker in einer Schüssel mischen und etwa 10 Minuten ziehen lassen. Die Zitrone heiß waschen und trocken reiben, die Schale abreiben und den Saft von einer Hälfte auspressen. Das ausgetretene Spargelwasser abgießen und die Spargelstreifen mit der Zitronenschale und dem -saft mischen.

5 Die Milch zum Gemüse geben, aufkochen und alles im Küchenmixer oder mit dem Stabmixer fein pürieren. Die Kräuter waschen und trocken schütteln. Den Schnittlauch in grobe Röllchen schneiden, von den übrigen Kräutern die Blätter abzupfen und grob hacken. Alle Kräuter zur Suppe geben und noch einmal pürieren. Die Suppe durch ein feines Sieb streichen, mit Meersalz abschmecken und warm halten.

6 Etwas Öl in einer Pfanne erhitzen, Bliniteig löffelweise hineingeben, flach drücken und goldbraun braten. Blini wenden, auf der anderen Seite ebenfalls goldbraun braten und auf Küchenpapier abtropfen lassen. Restlichen Teig auf die gleiche Weise zu Blini verarbeiten. Die Blini und den Spargel anrichten, dabei nach Belieben Blini mit Fleur de Sel und Salat mit gehackten Kräutern und Pfeffer bestreuen. Das Kräutersüppchen noch einmal aufmixen und dazu servieren. Dazu passt die Bärlauchcreme von S. 57.

Lieblingsdressings und -vinaigrettes

Zutaten für je 4 Personen

Für das Schweiger[2]-Dressing:
2 Eigelb · 1 EL scharfer Senf
2 EL Aceto balsamico
¼ l Sonnenblumenöl
je 5 EL Orangensaft, Gemüsebrühe
und Sherryessig
50 g saure Sahne
2 EL trockener Sherry
20 g Zucker · 10 g Meersalz

Für die Oliven-Gurken-Vinaigrette:
1 Salatgurke
20 schwarze Oliven (ohne Stein)
5 EL Gurkensaft (aus dem
Entsafter)
100 ml Champagneressig
1 Spritzer Zitronensaft
1 cl Wermut (z.B. Noilly Prat)
¼ l Traubenkernöl · Meersalz

Für die Koriandervinaigrette:
3 EL Sherry (dry) · ½ TL Dijon-Senf
2 EL Sherryessig
1 EL gehackter Koriander
100 ml Olivenöl · Meersalz
Koriander aus der Mühle

Für die Limetten-Ingwer-Vinaigrette:
2 EL Limettensaft
3 g geriebener Ingwer
abgeriebene Schale von 1 Bio-
Limette · 6 EL Traubenkernöl
Meersalz

Für das Schweiger[2]-Dressing: Die Eigelbe mit dem Senf und dem Aceto balsamico mit dem Stabmixer verrühren. Das Öl tröpfchenweise einrühren. Dann die restlichen Zutaten untermischen. Das Schweiger[2]-Dressing passt gut zu allen milden Salaten.

Für die Oliven-Gurken-Vinaigrette: Die Gurke schälen und halbieren. Die Kerne mit einem Teelöffel entfernen und die Gurkenhälften in feine Würfel schneiden. Die Oliven ebenfalls in feine Würfel schneiden. Gurken- und Olivenwürfel mit Gurkensaft, Essig, Zitronensaft und Wermut verrühren. Öl tröpfchenweise einrühren und die Vinaigrette mit Meersalz abschmecken. Die Oliven-Gurken-Vinaigrette passt zu allen sommerlichen Blattsalaten, aber auch als Marinade zu Schafskäse.

Für die Koriandervinaigrette: Alle Zutaten bis auf das Öl verrühren. Das Öl nach Belieben mit dem Stabmixer unterrühren. Die Vinaigrette mit Meersalz und Koriander aus der Mühle abschmecken. Die Koriandervinaigrette verleiht Blattspinat, Friséesalat, Baby-Pak-Choi und Möhren-Rohkost eine asiatische Note.

Für die Limetten-Ingwer-Vinaigrette: Alle Zutaten bis auf das Öl mit dem Stabmixer verrühren. Dann das Öl tröpfchenweise einrühren. Die Vinaigrette mit Meersalz abschmecken. Die Limetten-Ingwer-Vinaigrette passt wunderbar als Dressing zu Wildkräutern wie Vogelmiere oder zu Gurkensalat.

Tipp: Das hier ist nur eine kleine Auswahl meiner Lieblingssalatsaucen. Sehr gerne verwende ich auch Tomatenvinaigrette (siehe Rezept S. 92), Granatapfeldressing (siehe Rezept S. 145), Linsen-Chili-Vinaigrette (siehe Rezept S. 152) oder Blutorangen-Vinaigrette (siehe Rezept S. 216). Der Klassiker unter den Vinaigrettes ist die **Balsamico-Vinaigrette:** Dafür verrühre ich 5 EL Aceto balsamico mit 1 Schuss rotem Portwein, erwärme die Mischung leicht und schmecke sie mit Meersalz und Zucker ab. Dann mische ich je 5 EL Walnuss-, Trauben- und Olivenöl und rühre den Ölmix mit dem Schneebesen unter die Essig-Portwein-Mischung. Übrigens: Generell kann man alle Dressings und Vinaigrettes auch wunderbar als Toppings zu vielen Gerichten, wie z.B. gebratenem Gemüse, nehmen.

Kräutersalat mit gebackenen Ricottaknödeln und Rosmarin-Tomaten-Butter

Zutaten für 4 Personen

Für die Rosmarin-Tomaten-Butter:
1 Fenchelknolle (mit Grün)
1 Zwiebel · 1 Stange Lauch
1 Stange Staudensellerie (mit Grün)
1/2 Knollensellerie
5 EL Olivenöl · Meersalz
40 g Zucker · 1 l trockener Weißwein · 1 kg sehr reife Tomaten
1 Bund Rosmarin · 250 g Butter

Für die Ricottaknödel:
350 g Ricotta · 25 g Butter
4 Eigelb · 110 g Mehl
25 g gemahlene geschälte Mandeln
Meersalz · frisch geriebene
Muskatnuss · 3 EL Olivenöl
je 2 Zweige Rosmarin und Thymian
(gewaschen)
1 Knoblauchzehe (angedrückt)

Für den Kräutersalat:
1 Friséesalat
1 Bund Löwenzahn
20 Stiele Portulak
je 16 Basilikum-, Petersilien- und
Kerbelblätter · 8 Dillspitzen
20 Korianderblätter
4 Sauerampferblätter

Für die Vinaigrette:
1 EL Gemüsebrühe
1 TL Estragonsenf · 1 TL Honig
2 EL Sherryessig · Meersalz
1 EL Distelöl · 3 EL Olivenöl

1   Für die Rosmarin-Tomaten-Butter den Fenchel putzen, waschen und halbieren, den harten Strunk entfernen. Das Fenchelgrün beiseitelegen. Die Zwiebel schälen und in feine Würfel schneiden. Den Lauch putzen, längs halbieren, waschen und trocken schütteln. Den Staudensellerie putzen und waschen, das Grün beiseitelegen. Den Knollensellerie putzen und schälen. Alle Gemüse in etwa 2 cm große Stücke schneiden.

2   Olivenöl in einer großen Pfanne erhitzen und das Gemüse darin andünsten. Mit Meersalz und Zucker würzen und mit Wein ablöschen. Tomaten waschen und in Stücke schneiden, dabei die Stielansätze entfernen. Tomaten hinzufügen und das Gemüse offen etwa 3 Stunden köcheln lassen, dabei gelegentlich umrühren. Rosmarin waschen, trocken schütteln und dazugeben. Bei schwacher Hitze 30 Minuten ziehen lassen.

3   Für die Ricottaknödel den Ricotta in einem Sieb abtropfen lassen. Die Butter bei mittlerer Hitze zerlassen und erhitzen, bis sie goldbraun ist und ein nussiges Aroma hat.

4   Für den Kräutersalat vom Frisée die äußeren Blätter entfernen. Salat in die einzelnen Blätter teilen, waschen, trocken schleudern und in Stücke zupfen. Den Löwenzahn und die Kräuter waschen und trocken schleudern, den Löwenzahn nach Belieben zerzupfen. Das beiseitegelegte Fenchel- und Selleriegrün fein hacken (es sollte je etwa 4 TL ergeben). Für die Vinaigrette die Brühe leicht erwärmen, Senf, Honig und Essig unterrühren und mit Meersalz würzen. Beide Ölsorten mit dem Schneebesen unterschlagen.

5   Den Ricotta mit Nussbutter, Eigelben, Mehl und Mandeln verrühren. Mit Salz und Muskatnuss würzen. Aus der Ricottamasse mit angefeuchteten Händen Knödel von etwa 3 cm Durchmesser formen. Die Knödel in kochendes Salzwasser geben, dann bei schwacher Hitze etwa 4 Minuten gar ziehen lassen, bis sie nach oben steigen. Die Knödel mit dem Schaumlöffel herausheben, kalt abschrecken und abtropfen lassen.

6   Das Tomatengemüse durch ein Sieb streichen, dabei den Rosmarin entfernen. Die Butter in Würfeln mit dem Stabmixer unter das Gemüsepüree mixen. Die flüssige Rosmarin-Tomaten-Butter mit Meersalz abschmecken und warm halten.

7   Die Ricottaknödel im Olivenöl in einer großen Pfanne rundum anbraten. Rosmarin, Thymian und Knoblauch dazugeben und die Knödel einige Minuten darin wenden. Alle Salatzutaten mischen. Die Knödel mit der Rosmarin-Tomaten-Butter auf Teller verteilen und den Kräutersalat dazu servieren.

Roh marinierter Spargel mit Erbsenvinaigrette und Morcheln

Zutaten für 4 Personen

Für den roh marinierten Spargel:
8 Stangen weißer Spargel (ca. 400 g)
Meersalz · Zucker
Saft von 1/2 Zitrone · abgeriebene
Schale von 1 Bio-Zitrone

Für die Erbsenvinaigrette:
1 Schalotte
8 Erbsenschoten
Meersalz · 25 g Butter
4 rote Kirschtomaten
4 gelbe Kirschtomaten
1 TL Weißweinessig
1 EL Olivenöl
2 EL Schnittlauchröllchen

Für die Morcheln:
1 Schalotte · 20 Morcheln
1 EL Rapsöl · 1 EL Butter
1 EL Weinbrand · Meersalz
8 Petersilienblätter

1 Für den roh marinierten Spargel den Spargel schälen und die holzigen Enden entfernen. Eine Spargelstange auf ein Schneidebrett legen und mit dem Sparschäler von der Spitze bis zum Ende in dünne Streifen »schälen«. Mit den restlichen Spargelstangen ebenso verfahren. Die Spargelstreifen in einer Schüssel mit 2 Prisen Meersalz und 1 Prise Zucker würzen und etwa 10 Minuten Wasser ziehen lassen.

2 Inzwischen für die Erbsenvinaigrette die Schalotte schälen und in feine Würfel schneiden. Die Erbsen palen und in kochendem Salzwasser 20 Sekunden blanchieren. In ein Sieb abgießen und kalt abschrecken. Die Erbsen schälen, dafür mit dem Fingernagel die Haut leicht einzwicken und die Erbsen »herausschießen« (siehe auch S. 19).

3 Die Butter in einer Pfanne erhitzen und die Schalotte darin bei mittlerer Hitze andünsten. Die Erbsen dazugeben und 1 Minute mitdünsten, mit Meersalz würzen. Die Tomaten waschen und in Scheiben schneiden. Die Erbsen in einer Schüssel mit dem Essig und dem Olivenöl marinieren. Tomaten und Schnittlauchröllchen untermischen.

4 Für die Morcheln die Schalotte schälen und in feine Würfel schneiden. Die Morcheln gründlich waschen und abtropfen lassen. Das Öl in einer Pfanne erhitzen und die Morcheln darin bei mittlerer Hitze 3 Minuten anbraten, dann die Butter und die Schalottenwürfel dazugeben. Mit dem Weinbrand ablöschen, mit Meersalz würzen und noch etwa 2 Minuten dünsten. Die Petersilienblätter waschen, trocken tupfen, fein hacken und zu den Morcheln geben.

5 Die Spargelstreifen abgießen und mit dem Zitronensaft und der Zitronenschale mischen. Die Spargelstreifen als kleine Nester auf Tellern anrichten, mit Erbsenvinaigrette beträufeln und die Morcheln darüber verteilen. Dazu passt frisches Weißbrot.

Tipp: Morcheln können je nach Herkunft sehr sandig sein, deshalb sollte man sie kurz, aber gründlich waschen und abtropfen lassen.

Millefeuille von Kohlrabi und Kapstachelbeeren mit weißer Kuvertüre

Zutaten für 4 Personen

Für das Frühlingszwiebelgemüse:
120 g Frühlingszwiebeln
2 Zweige Rosmarin
2 Zweige Thymian
60 g Butter · Meersalz
1/2 Knoblauchzehe

Für das Millefeuille:
440 g Kohlrabi
4 EL Olivenöl · Meersalz
30 g Frühlingszwiebeln
80 g Kapstachelbeeren (Physalis)
10 g weiße Kuvertüre
2 Tomaten
20 g Cashewkerne
30 g Butter
ca. 4 EL Gemüsebrühe

Für den marinierten Kerbel:
20 Kerbelblätter
2 TL Olivenöl
2 TL alter Aceto balsamico
Meersalz

1 Für das Frühlingszwiebelgemüse die Frühlingszwiebeln putzen, längs halbieren, waschen und längs erneut halbieren oder vierteln (dabei die Frühlingszwiebeln nicht ganz durchschneiden, damit sie nicht auseinanderfallen). Die Kräuter waschen und trocken tupfen. Die Butter in einer Pfanne erhitzen und die Frühlingszwiebeln darin andünsten. Mit Meersalz würzen. Nach etwa 1 Minute die Kräuter und den Knoblauch dazugeben und etwa 1 Minute weiterdünsten.

2 Für das Millefeuille den Kohlrabi putzen, schälen und in 2 mm dicke Scheiben hobeln. Mit einem Ausstecher (8 cm Durchmesser) Kreise ausstechen. Das Olivenöl in einer Pfanne erhitzen und den Kohlrabi darin andünsten. Mit Meersalz würzen und warm halten.

3 Die Frühlingszwiebeln putzen, waschen und in feine Ringe schneiden. Die Kapstachelbeeren putzen, waschen und halbieren. Die Kuvertüre raspeln. Die Tomaten waschen, vierteln und entkernen, dabei die Stielansätze entfernen. Die Viertel in Würfel schneiden. Die Cashewkerne in einer Pfanne ohne Fett goldbraun rösten und auf ein Küchenpapier geben.

4 Die Butter in einem Topf erhitzen und die Frühlingszwiebeln darin andünsten. Die Kapstachelbeeren dazugeben, mit Meersalz würzen und etwa 1 Minute dünsten. Falls nötig, etwas Brühe hinzufügen. Die Kuvertüre unterrühren. Die Tomatenwürfel und die Cashewkerne dazugeben und das Gemüse nochmals abschmecken.

5 Für den marinierten Kerbel die Kerbelblätter waschen und trocken tupfen. Das Olivenöl mit dem Essig und Meersalz verrühren und mit dem Kerbel mischen. Das Frühlingszwiebelgemüse auf Teller verteilen. Das Millefeuille darauf anrichten, dabei jeweils ein Viertel der Kohlrabischeiben übereinanderlegen und gegebenenfalls mit einem Holzspieß fixieren. Die Kapstachelbeeren darübergeben und mit dem marinierten Kerbel garnieren.

Tipp: Das Millefeuille schmeckt übrigens auch sehr fein und besonders »frühlingshaft«, wenn Sie die Kohlrabischeiben nicht dünsten, sondern roh schichten.

Zuckerschoten-Couscous-Salat mit Zitronengrasschaum

Zutaten für 4 Personen

Für den Zuckerschoten-Couscous-Salat:

2 Zweige Rosmarin
2 Zweige Thymian
2 Knoblauchzehen
700 ml Gemüsebrühe
210 g Instant-Couscous
2 kleine Schalotten
200 g Zuckerschoten
je 50 g gelber und grüner Zucchino
je 50 g Karotte und Urkarotte
je 4 gelbe und rote Kirschtomaten
110 g Pinienkerne
5 EL Olivenöl
Meersalz
4 EL Balsamico bianco

Für den Zitronengrasschaum:

2 Stängel Zitronengras
2 Schalotten
1 gelbe Paprikaschote
30 g Butter
Meersalz
1 Msp. gemahlene Kurkuma
200 ml trockener Weißwein
100 g Sahne

1 Für den Zuckerschoten-Couscous-Salat Rosmarin und Thymian waschen und trocken tupfen. Den Knoblauch schälen und andrücken. Die Brühe mit den Kräuterzweigen und dem Knoblauch in einem Topf aufkochen.

2 Ein Backblech mit einem Passier- oder Küchentuch auslegen. Den Couscous auf einer Hälfte verteilen, mit der anderen Hälfte des Tuchs bedecken und die Brühe darübergießen. Den Couscous 5 bis 10 Minuten quellen lassen, bis er bissfest ist. Dann aus dem Tuch nehmen und in eine Schüssel geben.

3 Schalotten schälen und in feine Würfel schneiden. Zuckerschoten putzen, waschen und in dünne Streifen schneiden. Zucchini waschen und in Würfel schneiden, Karotten schälen und ebenfalls in Würfel schneiden. Tomaten waschen und vierteln.

4 Die Pinienkerne in einer Pfanne ohne Fett goldbraun rösten und herausnehmen. In der Pfanne 1 EL Olivenöl erhitzen und Schalotten, Zuckerschoten, Zucchini- und Karottenwürfel darin 1 Minute andünsten. Das Gemüse mit den Tomaten und den Pinienkernen zum Couscous geben. Etwas Meersalz, den Essig und das restliche Olivenöl hinzufügen und den Couscous-Salat gut mischen.

5 Für den Zitronengrasschaum das Zitronengras putzen, waschen und trocken schütteln. Die Stängel auf ein Brett legen und mit einem Topfboden etwas andrücken. Die Schalotten schälen und in Ringe schneiden. Die Paprikaschote längs halbieren, entkernen, waschen und in kleine Würfel schneiden.

6 Die Butter in einer Pfanne erhitzen und die Schalotten darin andünsten. Die Paprika dazugeben und kurz mitdünsten. Mit Meersalz würzen und die Kurkuma dazugeben. Gemüse mit dem Wein ablöschen, Zitronengras und Sahne dazugeben und 15 Minuten köcheln lassen. Dann das Zitronengras entfernen und das Gemüse mit dem Stabmixer pürieren. Den Schaum durch ein feines Sieb streichen und mit Meersalz abschmecken.

7 Den Couscous-Salat mit Meersalz abschmecken, in Schälchen verteilen und mit dem Zitronengrasschaum beträufeln, nach Belieben noch etwas Shizokresse darübergeben.

Tipp: Der Zitronengrasschaum schmeckt auch ohne Kurkuma sehr fein. Kurkuma bringt nur noch ein bisschen Farbe ins Spiel.

Kohlrabi auf viererlei Art

Zutaten für 4 Personen

Für Kohlrabischeiben:
½ Kohlrabi
Meersalz
Zucker

Für Kohlrabiwürfel:
½ Kohlrabi
25 g Butter
Meersalz

Für Kohlrabischaum:
1 Kohlrabi
Meersalz
Zucker

Für Kohlrabigrün:
wenig Öl zum Frittieren
(siehe Tipp)
Grün von 1 Kohlrabi
Meersalz

Für Kohlrabischeiben: Den Kohlrabi putzen, schälen und mit dem Gemüsehobel oder einem Messer in feine Scheiben schneiden. Die Scheiben mit Meersalz und etwas Zucker bestreuen und etwa 10 Minuten Wasser ziehen lassen.

Für Kohlrabiwürfel: Den Kohlrabi putzen, schälen und in etwa ½ cm große Würfel schneiden. Die Butter in einer Pfanne erhitzen und die Kohlrabiwürfel darin unter gelegentlichem Rühren etwa 3 Minuten braten. Mit Meersalz würzen.

Für Kohlrabischaum: Den Kohlrabi putzen und schälen, in Stücke schneiden und im Entsafter auspressen. Den Kohlrabisaft in einen Topf geben, mit Meersalz sowie 1 Prise Zucker würzen und auf etwa 80 °C erhitzen. Den Saft mit dem Stabmixer aufschäumen.

Für Kohlrabigrün: Das Öl in einem kleinen Topf auf 140 °C erhitzen. Das Kohlrabigrün waschen und trocken schütteln. Die kleineren Blätter für die Garnitur beiseitelegen. Die größeren Blätter in feine Streifen schneiden und im heißen Öl langsam knusprig frittieren. Mit dem Schaumlöffel herausheben, auf Küchenpapier abtropfen lassen und mit Meersalz würzen.

Tipp: Dieses Rezept beweist, wie vielfältig Kohlrabi zubereitet werden kann – nicht umsonst zählt er zu meinen absoluten Lieblingsgemüsen (siehe S. 21). Zum Frittieren des Kohlrabigrüns nehme ich den kleinsten Topf, den ich habe, und fülle auch nur fingerbreit Öl hinein, um die Blätter dann darin zu frittieren.

Erbsenpüree mit schwarzem Olivenpesto, Granatapfel und Möhren-Mikado

Zutaten für 4 Personen

Für das Olivenpesto:
4 EL schwarze Oliven (ohne Stein)
2 EL Olivenöl · Meersalz

Für das Erbsenpüree:
ca. 1,8 kg Erbsenschoten (ersatzweise 600 g tiefgekühlte Erbsen)
1 Schalotte · 40 g Butter
100 g Sahne · Meersalz

Für die Schalotten:
4 Schalotten · 40 g Butter

Außerdem:
4 Möhren (z.B. Urkarotten)
Meersalz · 2 EL Granatapfelkerne

1 Für das Olivenpesto die Oliven mit dem Olivenöl in einen hohen Rührbecher geben und mit dem Stabmixer pürieren. Mit 1 Prise Meersalz würzen.

2 Für das Erbsenpüree die Erbsen palen. Die Schalotte schälen und in Streifen schneiden. Die Butter in einem Topf erhitzen und die Schalotte darin glasig dünsten. Die Erbsen dazugeben, mit der Sahne auffüllen und mit Meersalz würzen. Einmal aufkochen, kurz köcheln lassen und im Küchenmixer fein pürieren. Nach Belieben noch durch ein feines Sieb streichen.

3 Für die Schalotten die Schalotten schälen und in dünne Streifen schneiden. Die Butter in einer Pfanne erhitzen und die Schalotten darin glasig dünsten.

4 Die Möhren putzen, schälen und längs in Stifte schneiden. Die Möhrenstifte in kochendem Salzwasser etwa 40 Sekunden blanchieren. Nach Belieben für die Deko 1 Handvoll Erbsen blanchieren und schälen (siehe Tipp).

5 Das Erbsenpüree auf Teller verteilen und das Olivenpesto und die Schalotten darum herumgeben. Die Granatapfelkerne und gegebenenfalls die Erbsen darüberstreuen. Die Möhrenstifte in einem Glas dazureichen.

Tipp: Granatapfelkerne bekommt man am besten aus einem Granatapfel, indem man diesen halbiert, eine Hälfte umgedreht in der Hand hält und mit einem Löffel gegen die Seite schlägt, sodass die Kerne herausfallen (siehe Bild links).
Besonders fein wird das Püree mit frischen Erbsen, die man blanchiert und anschlie-ßend schält (siehe auch S. 19). Dazu die Erbsenschoten öffnen, die Erbsen herausholen und diese in kochendem Salzwasser 20 Sekunden blanchieren. Danach mit dem Fingernagel die dünne Erbsenhaut leicht einzwicken und die Erbsen »herausschießen«.

Frühlingsgemüse im Fladenbrot mit Pfeffercreme

Zutaten für 4 Personen

1 Kohlrabi
2 Eiszapfen (siehe Tipp)
¹/₂ Bund Radieschen
1 Bund Frühlingszwiebeln
10 Zuckerschoten
80 g Butter
Meersalz
1 Romanasalatherz
1 Stück Meerrettich
120 g saure Sahne
1 TL Pfeffermischung Pepe No. 4
(siehe Tipp S. 158)
1 großes Fladenbrot (vom Bäcker)

1   Den Kohlrabi und die Eiszapfen putzen, schälen und in Streifen schneiden. Die Radieschen putzen, waschen und in Scheiben schneiden. Die Frühlingszwiebeln putzen, waschen und in Ringe schneiden. Die Zuckerschoten putzen, waschen und schräg halbieren.

2   Den Backofen auf 100 °C vorheizen. Die Butter in einer Pfanne erhitzen und den Kohlrabi, die Eiszapfen, die Radieschen, die Frühlingszwiebeln und die Zuckerschoten darin etwa 3 Minuten andünsten. Mit Meersalz würzen.

3   Das Romanasalatherz waschen, trocken schütteln und in Streifen schneiden. Den Meerrettich schälen und fein reiben. Die saure Sahne mit Meersalz und der Pfeffermischung verrühren.

4   Das Fladenbrot im Ofen auf der mittleren Schiene erwärmen. Dann herausnehmen und vierteln. In die Viertel jeweils eine Tasche einschneiden und mit Gemüse und Romanasalat füllen. Etwas Meerrettich darüberstreuen und jeweils etwas saure Sahne darüberträufeln.

Tipp: Eiszapfen sind kleine, dünne weiße Garten- bzw. Sommerrettiche. Sie gehören zu den Radieschen, die genau genommen ebenfalls Rettiche sind. Im Supermarkt werden Sie Eiszapfen eher selten finden, aber im Frühling sind sie oft auf Wochenmärkten erhältlich.

Ziegenkäse mit Bärlauchkruste auf Crostini

Zutaten für 4 Personen

1 Bund Bärlauch
100 g Weißbrot (z.B. Toastbrot; ohne Rinde)
2 Eigelb
1 Msp. scharfer Senf
Meersalz
1 Ciabatta-Brot oder kleines Baguette
5 EL Olivenöl
1 Knoblauchzehe
400 g Ziegenfrischkäse

1 Den Bärlauch waschen, trocken schütteln und in Streifen schneiden. Ein paar Streifen für die Garnitur beiseitelegen.

2 Das Weißbrot in Würfel schneiden und im Blitzhacker zu feinen Bröseln mahlen. Dann den Bärlauch und zum Schluss die Eigelbe und den Senf untermixen. Die Bärlauchbrösel mit Meersalz abschmecken.

3 Den Backofengrill auf 250 °C vorheizen. Das Ciabatta-Brot in Scheiben schneiden. Das Olivenöl in einer Pfanne erhitzen und die Brotscheiben darin auf beiden Seiten goldgelb braten. Herausnehmen und auf Küchenpapier abtropfen lassen.

4 Den Knoblauch halbieren und die Brote damit auf einer Seite einreiben. Dann mit dem Ziegenkäse bestreichen und die Bärlauchbrösel darauf verteilen. Die Brote auf ein mit Backpapier belegtes Backblech legen und unter dem Backofengrill 2 bis 3 Minuten goldbraun überbacken. Mit frischen Bärlauchstreifen garnieren und sofort servieren.

Tipp: Die Crostini serviere ich gerne als Appetizer. Wer kein Fan von Ziegenfrischkäse ist, kann natürlich auch Frischkäse aus Kuhmilch verwenden. Die Bärlauchbrösel eignen sich auch wunderbar zum Gratinieren von weißem Spargel.

Focaccia mit gebratenem jungem Knoblauch

Zutaten für 4 Personen

Für den Teig:
50 g vorgegarte Kartoffel
1/2 Würfel (21 g) frische Hefe
375 g Mehl (Type 550)
250 g Hartweizengrieß
Meersalz
Olivenöl für das Blech

Für den Belag:
3 EL Olivenöl
120 g schwarze Oliven (ohne Stein)
4 Zweige Oregano
1 Knolle junger Knoblauch
ca. 2 TL Meersalzflocken (siehe Tipp)

1 Für den Teig die Kartoffel durch die Kartoffelpresse drücken und mit 375 ml lauwarmem Wasser verrühren. Die Hefe dazugeben und unter Rühren darin auflösen. Das Mehl mit dem Grieß in einer Schüssel mischen, die Kartoffel-Hefe-Mischung dazugeben und alles mit 2 Prisen Meersalz zu einem glatten Teig verarbeiten. Den Teig zugedeckt an einem warmen Ort 3 Stunden ruhen lassen.

2 Den Backofen auf 250 °C (Umluft) vorheizen. Den Teig nochmals kneten und mit dem Nudelholz zu 2 runden Fladen ausrollen. Zwei Backbleche mit Olivenöl einfetten und die Teigkreise darauflegen. Mit den Fingern Mulden in die Teigfladen drücken, jeweils mit wenig Olivenöl (insgesamt 1 EL) beträufeln und die Oliven darauf verteilen. Den Oregano waschen und trocken schütteln, die Blätter von den Stielen zupfen. Die Focacce mit dem Oregano bestreuen und im Ofen 10 bis 15 Minuten backen.

3 Inzwischen den jungen Knoblauch in etwa 10 Spalten schneiden (siehe Tipp). Das restliche Olivenöl in einer Pfanne erhitzen und die Knoblauchspalten darin anbraten. Mit 1 Prise Meersalzflocken würzen und den Knoblauch etwa 10 Minuten goldbraun braten. Die Focacce aus dem Ofen nehmen, mit 2 TL Meersalzflocken bestreuen und den gebratenen Knoblauch darauf verteilen.

Tipp: Bei sehr jungem Knoblauch muss man die Schale nicht entfernen, man kann einfach die ganze Knolle – wie sie ist – in Stücke schneiden (siehe auch S. 20). Bei Oliven bevorzuge ich die in Öl eingelegten. Oliven aus der Lake haben oft einen metallischen Geschmack. Meersalzflocken eignen sich besonders gut zum geschmacklichen Abrunden des jungen Knoblauchs, aber auch zum Bestreuen der Focacce. Ich verwende gerne Maldon Sea Salt Flakes.

Kräuterdoppeldecker
mit grünem Spargel und Bergkäse

Zutaten für 4 Personen

4 Tomaten
je 1 Stiel Basilikum, Estragon,
Kerbel, Koriander, Petersilie
und Dill
1/4 Bund Schnittlauch
16 Stangen grüner Spargel
90 g Butter
Meersalz
8 Eier
80 g Sahne
8 Scheiben Vollkorntoastbrot
12 Scheiben alter Bergkäse
Öl zum Braten

1 Die Tomaten waschen und in Scheiben schneiden, dabei die Stielansätze entfernen. Die Kräuter waschen, trocken schütteln und die Blätter bzw. Spitzen von den Stielen zupfen und grob zerkleinern. Den Schnittlauch in Röllchen schneiden.

2 Den grünen Spargel waschen und im unteren Drittel schälen, die holzigen Enden entfernen. Die Spargelspitzen abschneiden, die Spargelstangen längs halbieren und schräg dritteln. In einer Pfanne 50 g Butter erhitzen und den Spargel darin bei mittlerer Hitze 3 Minuten andünsten. Mit Meersalz würzen.

3 Inzwischen die Eier mit der Sahne und 1 Prise Meersalz in einem großen tiefen Teller oder einer flachen Schüssel verquirlen. Die Toastbrotscheiben mit der restlichen Butter bestreichen. Den Käse, die Tomaten, den Spargel und die Kräuter auf 4 Brotscheiben verteilen und mit je 1 weiterer Scheibe belegen.

4 Etwas Öl in einer Pfanne erhitzen. Die Doppeldecker vorsichtig in den verquirlten Eiern wenden und auf beiden Seiten goldbraun braten. Dann mit geschlossenem Deckel bei schwacher Hitze noch 2 Minuten in der Pfanne ziehen lassen.

5 Die Kräuterdoppeldecker aus der Pfanne nehmen, diagonal halbieren und auf Tellern anrichten. Nach Belieben zwei Hälften aufeinandersetzen und mit Holzstäbchen feststecken.

Tipp: Ich nehme für den Kräuterdoppeldecker gerne Kumato-Tomaten. Sie stammen ursprünglich aus Spanien, haben einen intensiven, leicht süßlichen Geschmack und sind besonders saftig. Die Farbe ihrer Schale variiert von dunkelbraun bis hin zu goldgrün.

Polentaschnitten mit gedünsteten Romanasalatherzen

Zutaten für 4 Personen

Für die Polentaschnitten:
1 Zweig Salbei
2 frische Lorbeerblätter
$\frac{1}{2}$ l Milch
45 g Butter
Meersalz
120 g Instant-Polenta (Maisgrieß)
1 Zweig Rosmarin
4 getrocknete Tomaten
(siehe Tipp)
1 EL Oliventapenade (aus dem Glas)
80 g geriebener Parmesan
frisch geriebene Muskatnuss
5 Eigelb

Für die Romanasalatherzen:
4 Romanasalatherzen
4 Tomaten
4 Schalotten
180 g Butter
Meersalz
5 EL trockener Weißwein
1 Bund Schnittlauch

1 Für die Polentaschnitten den Salbei und die Lorbeerblätter waschen und trocken tupfen. Die Milch mit Salbei, Lorbeer, Butter und etwas Meersalz aufkochen. Die Polenta unter Rühren dazugeben und unter weiterem Rühren etwa 5 Minuten zu einer dicklichen Masse einköcheln lassen. Ein Backblech mit Backpapier belegen.

2 Den Rosmarin waschen und trocken tupfen, die Nadeln abzupfen und fein hacken. Die Tomaten in feine Würfel schneiden. Salbei und Lorbeerblätter aus der Polenta entfernen und Rosmarin, Tomaten, Oliventapenade, 30 g Parmesan und 1 bis 2 Prisen Muskatnuss unterrühren. Den Topf vom Herd nehmen, 3 Eigelbe unterrühren und die Polenta etwa 2 cm hoch auf das Blech streichen. Die Masse auskühlen lassen.

3 Für die Romanasalatherzen den Salat waschen, trocken schütteln und in Streifen schneiden. Die Tomaten waschen, vierteln und entkernen, dabei die Stielansätze entfernen. Die Tomaten in Würfel schneiden. Die Schalotten schälen und in feine Würfel schneiden. Den Schnittlauch waschen, trocken schütteln und in Röllchen schneiden.

4 Den Backofengrill auf 200 °C (Umluft; alternativ Oberhitze) vorheizen. Die Polenta mit den restlichen verquirlten Eigelben bestreichen und mit dem übrigen Parmesan bestreuen. Beliebige Formen ausstechen oder die Masse in Quadrate oder Rauten schneiden. Die Polentaschnitten auf ein mit Backpapier belegtes Backblech legen und im Ofen auf der mittleren Schiene 3 bis 5 Minuten gratinieren.

5 Inzwischen in einer Pfanne 50 g Butter erhitzen, die Schalotten darin glasig dünsten und mit Meersalz würzen. Den Salat dazugeben, kurz mitdünsten und mit dem Wein ablöschen. Die Flüssigkeit auf die Hälfte einkochen lassen. Die Tomatenwürfel untermischen. Die restliche Butter in Würfel schneiden und nach und nach unterrühren.

6 Die Polentaschnitten mit dem gedünsteten Romanasalat auf Tellern anrichten und mit der Tomatenbutter beträufeln. Den Salat mit Schnittlauch bestreuen.

Tipp: Ich serviere zu den Polentaschnitten gerne ein Kräuterpesto (siehe S. 117), mit etwas Olivenöl cremig gerührte Oliventapenade oder pürierte getrocknete Tomaten. Achten Sie bei getrockneten Tomaten, die nicht in Öl eingelegt sind, unbedingt auf gute Qualität. Ich verwende am liebsten solche, die noch etwas soft sind. Wenn die Tomaten zu trocken sind, können Sie sie in etwas Weißwein oder Gemüsebrühe einlegen.

Kartoffelroulade mit Ricotta-Spinat-Füllung auf Tomatensugo und Parmesanschaum

Zutaten für 4 Personen

Für die Kartoffelroulade:
400 g mehligkochende Kartoffeln
2 EL gehackte Petersilie
1 Ei · 3 Eigelb
140 g doppelgriffiges Mehl (z.B.
Wiener Grießler)
Meersalz · Pfeffer aus der Mühle
frisch geriebene Muskatnuss
Mehl für die Arbeitsfläche
Butter für die Folie

Für den Tomatensugo:
2 kg sehr reife Tomaten
2 Knoblauchzehen
je 1 Bund Basilikum, Rosmarin und
Thymian · Meersalz · 2 EL Zucker

**Für die Ricotta-Spinat-Füllung und
den Parmesanschaum:**
6 Schalotten · 70 g Butter
110 g junger Spinat · 2 Eier · 350 g
Ricotta · 150 g geriebener Bergkäse
ca. 80 g Weißbrotbrösel
Meersalz · frisch geriebene
Muskatnuss · 1 Stange Lauch (nur
das Weiße) · 1 Fenchelknolle (in
Streifen) · 100 ml trockener Weißwein · 300 ml Milch
50 g geriebener Parmesan

Außerdem:
je 2 Zweige Rosmarin und Thymian
1 Knoblauchzehe · 4 EL Olivenöl
25 g Butter

1 Für die Kartoffelroulade Backofen auf 180 °C vorheizen. Kartoffeln auf einem Blech im Ofen auf der mittleren Schiene etwa 80 Minuten weich garen. Im ausgeschalteten Ofen bei leicht geöffneter Tür etwa 10 Minuten ausdämpfen lassen. Abkühlen lassen.

2 Für den Tomatensugo Tomaten waschen und in Stücke schneiden, dabei die Stielan-sätze entfernen. In einem Topf etwa 1 Stunde einköcheln lassen. Knoblauch schälen und andrücken. Kräuter waschen und trocken schütteln, Blätter bzw. Nadeln abzupfen, fein hacken und mit dem Knoblauch zu den Tomaten geben. Tomatensugo mit 1 EL Salz und dem Zucker würzen, weitere 10 Minuten köcheln lassen. Knoblauch entfernen.

3 Für die Ricotta-Spinat-Füllung 4 Schalotten schälen, in feine Würfel schneiden und in einer Pfanne in 2 EL Butter hellbraun dünsten. Spinat verlesen, waschen und trocken schleudern. Die Spinatblätter und die Eier mit dem Stabmixer pürieren. Den Ricotta mit dem Spinatpüree verrühren. Käse, Brotbrösel und Schalottenwürfel untermischen. Die Masse mit Meersalz und Muskatnuss würzen und in einen Spritzbeutel füllen.

4 Die Kartoffeln pellen und durch die Kartoffelpresse in eine Schüssel drücken. Petersilie, Ei, Eigelbe und Mehl mit den Kartoffeln verkneten und den Teig mit Meersalz, Pfeffer und Muskatnuss würzen. In einem weiten Topf reichlich Salzwasser aufkochen. Den Kartoffelteig auf der bemehlten Arbeitsfläche etwa 1 cm dick zu einem Rechteck von 20 x 30 cm ausrollen. Ricotta-Spinat-Füllung längs als Strang in die Mitte spritzen und den Kartoffelteig von der Längsseite her aufrollen. Roulade zuerst in mit Butter bestrichene Frischhaltefolie, dann in Alufolie wickeln. Die Rolle im siedenden Wasser etwa 12 Minuten garen. Dann herausheben und in Eiswasser auskühlen lassen.

5 Für den Parmesanschaum restliche Schalotten schälen und in Ringe schneiden. Lauch längs halbieren, waschen und in Streifen schneiden. Schalotten in einem Topf in der übrigen Butter glasig dünsten. Lauch und Fenchel dazugeben, mitdünsten. Mit Wein ablöschen, etwas einköcheln lassen und die Milch angießen. Das Gemüse mit Meersalz würzen und etwa 7 Minuten köcheln lassen. Den Gemüsesud durch ein Sieb in einen Topf gießen, erhitzen und den Parmesan unterrühren. Mit dem Stabmixer aufschäumen.

6 Kräuter waschen und trocken schütteln. Knoblauch schälen und andrücken. Kartof-felroulade in 2 cm dicke Scheiben schneiden und in einer Pfanne im Olivenöl auf beiden Seiten anbraten. In einer zweiten Pfanne Butter erhitzen, Knoblauch und Kräuter dazuge-ben und Kartoffelscheiben darin wenden. Mit Sugo und Parmesanschaum anrichten.

Kartoffelwaffel mit Bohnenmelange und Curryrahm

Zutaten für 4 Personen

Für die Kartoffelwaffel:
270 g mehligkochende Kartoffeln
100 g grobes Meersalz
140 g Mehl
1/4 l Milch
1/4 Würfel (10 g) frische Hefe
100 g Speisestärke
30 g flüssige Butter
150 g Crème fraîche
6 Eier
Butter für das Waffeleisen

Für die Bohnenmelange:
1 Zwiebel
100 g Butter
Mehl zum Bestäuben
400 ml Gemüsebrühe
Meersalz
16 breite Bohnen
20 g grüne Bohnen
4 EL Borlottibohnen (Wachtel-
bohnen; gegart)
4 Basilikumblätter
2 EL grüne Zucchiniwürfel
2 EL gelbe Zucchiniwürfel
30 g saure Sahne

Für den Curryrahm:
2 TL Öl
2 TL Madras-Currypulver
100 g saure Sahne
Meersalz

1   Für die Kartoffelwaffel den Backofen auf 180 °C (Umluft) vorheizen. Die Kartoffeln waschen. Das Meersalz auf ein Backblech streuen und die Kartoffeln darauflegen. Die Kartoffeln im Ofen auf der mittleren Schiene etwa 80 Minuten garen.

2   Inzwischen das Mehl in eine Schüssel geben und eine Mulde hineindrücken. Die Milch in einem kleinen Topf lauwarm (maximal 40 °C) erhitzen. Die Hefe mit den Fingern zerbröckeln und darin auflösen. Die Milch unter Rühren langsam in die Mulde gießen und dabei etwas Mehl vom Rand der Mulde einarbeiten. Den Vorteig an einem warmen Ort zugedeckt 1 Stunde gehen lassen.

3   Die Kartoffeln aus dem Ofen nehmen, 10 Minuten abkühlen lassen und möglichst heiß pellen. Die Kartoffeln durch die Kartoffelpresse in eine Schüssel drücken. Mit der Speisestärke, der flüssigen Butter, der Crème fraîche und den Eiern zu einer glatten Masse verrühren. Den Kartoffelteig mit dem Vorteig zu einem glatten Teig verkneten, dabei das restliche Mehl einarbeiten und weitere 30 Minuten gehen lassen. Das Waffeleisen vorheizen und mit einem Pinsel dünn einfetten. Portionsweise aus dem Teig 4 Waffeln backen und im Ofen bei 100 °C warm halten.

4   Für die Bohnenmelange die Zwiebel schälen und in feine Würfel schneiden. Die Butter in einem Topf erhitzen und die Zwiebel darin andünsten. Mit Mehl bestäuben und kurz anschwitzen. Die Brühe angießen und mit Meersalz würzen. Die Zwiebel unter Rühren etwa 5 Minuten köcheln lassen.

5   Die breiten und die grünen Bohnen putzen und nach Belieben halbieren. Die Bohnen in kochendem Salzwasser blanchieren. In ein Sieb abgießen und zur Zwiebel geben. Die Borlottibohnen hinzufügen und erwärmen. Die Basilikumblätter waschen, trocken tupfen und in sehr feine Streifen schneiden. Mit den Zucchiniwürfeln und der sauren Sahne zu den Bohnen geben. Mit Meersalz abschmecken.

6   Für den Curryrahm das Öl in einer kleinen Pfanne leicht erhitzen. Das Currypulver darin kurz anrösten und abkühlen lassen. Auf ein sehr feines Sieb geben und das überschüssige Öl abtropfen lassen. Geröstetes Currypulver mit der sauren Sahne mischen und mit Meersalz abschmecken.

7   Die Kartoffelwaffeln in Stücke teilen und schichtweise mit der Bohnenmelange auf Tellern anrichten. Mit dem Curryrahm beträufeln.

Dauphinekartoffeln auf Kartoffel-Vanille-Emulsion

Zutaten für 4 Personen

Für die Kartoffel-Vanille-Emulsion:
350 g mehligkochende Kartoffeln
150 g grobes Meersalz
1 Vanilleschote
150–250 ml Milch
1 Msp. abgeriebene Bio-Zitronen-schale
Meersalz
$1/8$ Muskatnuss (frisch gerieben)
$1/2$ TL Ras-el-Hanout
20 g weiße Schokolade
1 Spritzer Zitronensaft
160 ml Traubenkernöl
$1/4$ Bund Schnittlauch
1 Stück Meerrettich

Für die Dauphinekartoffeln:
550 g mehligkochende Kartoffeln
Meersalz
25 g Butter
50 g Mehl
1–2 Eier
frisch geriebene Muskatnuss
Öl zum Frittieren

1 Für die Kartoffel-Vanille-Emulsion den Backofen auf 180 °C (Umluft) vorheizen. Die Kartoffeln waschen. Das Meersalz auf ein Backblech streuen und die Kartoffeln darauflegen. Die Kartoffeln im Ofen auf der mittleren Schiene etwa 80 Minuten garen. Inzwischen für die Dauphinekartoffeln die Kartoffeln schälen, waschen und in 4 cm große Stücke schneiden. Die Kartoffeln in Salzwasser etwa 20 Minuten weich garen.

2 Für den Brandteig die Butter mit 75 ml Wasser und 1 Prise Meersalz aufkochen. Das Mehl auf einmal dazugeben und mit einem Kochlöffel rühren, bis sich ein weißer Belag am Topfboden bildet. Die Masse in eine Rührschüssel geben und etwas abkühlen lassen. Die Eier einzeln mit den Quirlen des Handrührgeräts unterrühren. Die Kartoffeln abgießen und etwa 5 Minuten auf einem Lochgitter oder Sieb ausdampfen lassen. Noch warm durch die Kartoffelpresse zur Brandteigmasse drücken und beides verrühren. Den Teig mit Meersalz und Muskatnuss würzen.

3 Die Kartoffeln aus dem Ofen nehmen und etwa 10 Minuten abkühlen lassen. Möglichst heiß pellen und durch die Kartoffelpresse in den Küchenmixer drücken. Die Vanilleschote längs aufschneiden und das Mark herauskratzen. Die Milch mit Vanilleschote, -mark, Zitronenschale, 1 TL Meersalz, Muskatnuss und Ras-el-Hanout aufkochen und kurz köcheln lassen. Die Gewürzmilch durch ein Sieb zu den Kartoffeln gießen und etwa 20 Sekunden mixen (alternativ die Kartoffelmasse mit dem Stabmixer pürieren).

4 Dann die Schokolade in kleinen Stücken untermixen. Den Zitronensaft und nach und nach das Öl unter ständigem Mixen dazugeben. Die Kartoffel-Vanille-Emulsion abschmecken und warm halten.

5 Reichlich Öl in der Fritteuse oder in einem hohen Topf auf 160 °C erhitzen – es ist heiß genug, wenn sich an einem hineingehaltenen Holzlöffelstiel Blasen bilden. Mit zwei Teelöffeln kleine Nocken vom Kartoffelteig abstechen und im heißen Öl ausbacken. Mit dem Schaumlöffel herausnehmen und auf Küchenpapier abtropfen lassen. Gegebenenfalls nochmals mit Meersalz würzen.

6 Den Schnittlauch waschen, trocken schütteln und in Röllchen schneiden. Die Kartoffel-Vanille-Emulsion auf Teller verteilen, die Dauphinekartoffeln darauflegen und mit den Schnittlauchröllchen und frisch geriebenem Meerrettich bestreuen. Nach Belieben einen gemischten Blattsalat, z.B. den Gartensalat von S. 22, dazu servieren.

Mini-Burger mit Tofu-Spinat und gelbem Ketchup

Zutaten für ca. 20 Mini-Burger

Für die Mini-Burger:
400 g Mehl
1/2 Würfel (21 g) frische Hefe
35 g Magermilchpulver (aus dem Reformhaus)
35 g flüssige Butter
20 g Zucker
Meersalz
Mehl für die Arbeitsfläche
1 Eigelb
1 EL helle Sesamsamen

Für das gelbe Ketchup:
300 g reife gelbe Tomaten
2 Schalotten
2 EL Olivenöl
40 g Honig
4 EL Weißweinessig
2 EL Weinbrand
1 frisches Lorbeerblatt
Meersalz

Für den Tofu-Spinat:
2 reife Tomaten
2 Schalotten
4 Handvoll junger Spinat
50 g Tofu
40 g Butter
Meersalz
2 EL Ketjap manis (süße Sojasauce, siehe Tipp S. 62)

1 Für die Mini-Burger das Mehl in eine Schüssel geben und in die Mitte eine Mulde drücken. Die Hefe in 75 ml lauwarmem Wasser auflösen. Die Hefemischung zum Mehl geben und alles zu einem glatten Teig verkneten. Den Teig zugedeckt an einem warmen Ort etwa 1 Stunde gehen lassen.

2 Für das gelbe Ketchup die Tomaten waschen, vierteln und dabei die Stielansätze entfernen. Die Schalotten schälen und in feine Würfel schneiden. Das Olivenöl in einer Pfanne erhitzen, die Schalotten darin glasig dünsten und die Tomaten dazugeben. Die restlichen Zutaten und etwa 1 TL Meersalz hinzufügen und die Tomaten etwa 30 Minuten einköcheln lassen. Dann das Lorbeerblatt entfernen und die Tomaten mit dem Stabmixer pürieren. Das Ketchup durch ein feines Sieb streichen und abkühlen lassen.

3 Für die Mini-Burger Milchpulver, Butter, Zucker, 2 Prisen Meersalz und 100 ml Wasser gründlich mit dem Hefeteig verkneten, bis er wieder glatt ist. Den Teig zugedeckt an einem warmen Ort erneut etwa 30 Minuten gehen lassen.

4 Den Backofen auf 175 °C (Umluft) vorheizen. Den Teig auf der bemehlten Arbeitsfläche etwa 1 cm dick ausrollen und mit einem Ausstecher oder Glas Kreise von etwa 4 cm Durchmesser ausstechen. Die Kreise mit etwas Abstand auf ein mit Backpapier belegtes Backblech legen, mit dem verquirlten Eigelb bestreichen und mit Sesam bestreuen. Die Mini-Brötchen im Ofen auf der mittleren Schiene etwa 5 Minuten goldbraun backen. Anschließend auf einem Küchengitter abkühlen lassen.

5 Für den Tofu-Spinat die Tomaten waschen, vierteln und entkernen, dabei die Stielansätze entfernen. Die Tomatenviertel in feine Würfel schneiden. Die Schalotten schälen und in feine Würfel schneiden. Den Spinat verlesen, waschen und in ein Sieb geben. Den Tofu in dünne Scheiben schneiden. Die Butter in einem Topf erhitzen und die Schalotten darin glasig dünsten. Den tropfnassen Spinat hinzufügen, zusammenfallen lassen und mit Meersalz würzen. Die Tomaten und den Tofu untermischen, erhitzen und das Ketjap manis dazugeben. Falls nötig, nochmal mit Salz abschmecken und den Tofu-Spinat auf einem Sieb abtropfen lassen.

6 Die Mini-Brötchen quer halbieren und auf den unteren Hälften Tofu-Spinat verteilen. Etwas gelbes Ketchup daraufgeben und mit den oberen Hälften bedecken. Falls nötig, die Mini-Burger mit einem Holzspießchen fixieren.

Zweierlei Blumenkohl mit Champignontatar

Zutaten für 4 Personen

Für die Blumenkohlterrine:
250 g Blumenkohlröschen
1 Schalotte · 50 g Butter
5 EL trockener Weißwein
5 EL Gemüsebrühe
110 g Crème fraîche
70 ml Milch
2 Eier · 2 Eigelb
1 Spritzer Zitronensaft
Meersalz
frisch geriebene Muskatnuss

Für den Curry-Blumenkohl:
250 g Blumenkohlröschen
2 Schalotten
5 EL Kokosmilch (mit etwas
abgesetztem Fett; siehe Tipp S. 80)
2 TL Madras-Currypulver
50 g Butter
75 ml trockener Weißwein
Meersalz
15 Korianderkörner
4 grüne Kardamomkapseln
1 – 2 EL gehackter Koriander

Für das Champignontatar:
200 g Champignons
2 Schalotten
25 g Butter
Meersalz
Zucker
1 EL Sojasauce
1 EL gehackte Petersilie

1 Für die Blumenkohlterrine die Blumenkohlröschen waschen und trocken schütteln. Schalotte schälen und in feine Würfel schneiden. In einer Pfanne 25 g Butter erhitzen und die Schalotte darin glasig dünsten. Blumenkohl hinzufügen, kurz mitdünsten und mit dem Wein ablöschen. Etwas einkochen lassen und die Brühe angießen. Blumenkohl etwa 10 Minuten weich garen. Dann vom Herd nehmen und abkühlen lassen.

2 Den Backofen auf 90 °C (Umluft) vorheizen. Die restliche Butter in einem kleinen Topf schmelzen und einen großen Bogen Frischhaltefolie damit bestreichen. Eine Terrinen-form (35 x 5 x 5 cm) mit der Folie auslegen und den Blumenkohl darin verteilen. Crème fraîche mit Milch, Eiern und Eigelben in einer Schüssel verrühren und mit Zitronensaft, Meersalz und Muskatnuss kräftig würzen. Die Mischung auf dem Blumenkohl verteilen.

3 Ein Backblech im Ofen auf der mittleren Schiene zu etwa zwei Dritteln mit kochendem Wasser füllen und die Form hineinstellen. Die Blumenkohlterrine im Wasserbad etwa 1¹/₂ Stunden garen, bis die Crème-fraîche-Masse fest ist. Mit einem Holzspießchen können Sie gegen Ende der Garzeit prüfen, ob die Masse gestockt ist. Die Blumenkohlterrine in der Form auskühlen lassen, stürzen und in Scheiben schneiden.

4 Für den Curry-Blumenkohl die Blumenkohlröschen waschen, trocken schütteln und in feine Scheiben schneiden. Die Schalotten schälen und in feine Würfel schneiden. Das Fett der Kokosmilch in einer Pfanne erhitzen, das Currypulver darin anrösten und auf einem Teller beiseitestellen. Die Butter in der Pfanne erhitzen und die Schalotten darin hellbraun braten. Den Blumenkohl ein paar Minuten mitdünsten. Den Wein angießen und etwas einkochen lassen. Dann mit Meersalz würzen und die Kokosmilch dazugeben. Die Kardamomkapseln aufbrechen und die Samen mit den Korianderkörnern im Mörser fein zerstoßen. Die Gewürzmischung durch ein feines Sieb in die Pfanne geben. Blumenkohl bei schwacher Hitze etwa 8 Minuten weich garen. Mit Salz abschmecken.

5 Für das Champignontatar die Champignons putzen, trocken abreiben und in 4 mm große Würfel schneiden. Schalotten schälen, in feine Würfel schneiden und in einer Pfanne in der Butter hellbraun dünsten. Pilze dazugeben, leicht mit Meersalz würzen und so lange dünsten, bis die ausgetretene Flüssigkeit komplett verdunstet ist. Die Pilze mit Sojasauce und 1 Prise Zucker abschmecken und die Petersilie untermischen.

6 Das Champignontatar mit dem Curry-Blumenkohl und der Blumenkohlterrine auf Tellern anrichten. Den Curry-Blumenkohl mit dem Koriander bestreuen.

Crêpes mit weißem Spargel und Bärlauchcreme

Zutaten für 4 Personen

Für die Bärlauchcreme:
8 Bärlauchblätter
120 g saure Sahne
Meersalz
Pfeffer aus der Mühle

Für die Crêpes:
125 g Mehl
40 g Zucker
Meersalz
2 Eier
1/4 l Milch
30 g flüssige Butter
2 EL Butter zum Ausbacken

Für den Spargel:
16 Stangen weißer Spargel
4 EL Walnussöl
Meersalz
Zucker

1 Für die Bärlauchcreme die Bärlauchblätter waschen, trocken tupfen und in feine Streifen schneiden. Die saure Sahne mit Meersalz und Pfeffer verrühren und den Bärlauch untermischen.

2 Für die Crêpes Mehl, Zucker und 1 Prise Salz in eine Schüssel geben. In die Mitte eine Mulde drücken und die Eier hineingeben. Die Milch und die Butter mischen, dazugeben und alles von der Mitte aus mit dem Schneebesen oder den Quirlen des Handrührgeräts zu einem Teig verrühren.

3 Für den Spargel den Backofen auf 95 °C (Umluft) vorheizen. Den Spargel schälen und die holzigen Enden abschneiden. Die Stangen auf einen großen Bogen Alufolie legen, mit dem Walnussöl beträufeln und mit Meersalz und wenig Zucker bestreuen. Die Folie über dem Spargel zusammenschlagen, den Spargel auf ein Backblech legen und im Ofen auf der mittleren Schiene etwa 18 Minuten weich garen.

4 Inzwischen für die Crêpes etwas Butter in einer Pfanne erhitzen, 1 kleinen Schöpflöffel Teig hineingeben und durch Schwenken der Pfanne verteilen, sodass der Boden der Pfanne bedeckt ist. Den Teig auf der Unterseite goldbraun backen, wenden und die andere Seite ebenfalls goldbraun backen. Die Crêpe herausnehmen und warm halten. Aus dem restlichen Teig auf die gleiche Weise weitere Crêpes backen.

5 Den Spargel aus dem Ofen nehmen. Die Crêpes mit etwas Bärlauchcreme bestreichen, die Spargelstangen darauf verteilen und die Crêpes zusammenklappen. Die restliche Bärlauchcreme separat dazu servieren.

Soja-Tofu mit Kumquats und Blutampfer

Zutaten für 4 Personen

Für den Soja-Tofu:
20 g Ingwer · 500 g Tofu
120 g Sojasauce (erste Pressung;
siehe Tipp)
1 EL Sesamöl · Meersalz
30 g Waldhonig
4 EL Rapsöl
40 g kalte Butter

Für die Kumquats:
120 g Zucker
200 ml trockener Weißwein
2 Vanilleschoten
300 g Kumquats

Für den Blutampfer:
8 Cashewkerne
ca. 50 g Blutampfer
(ersatzweise Sauerampfer)
1 EL Sojasauce · 1 EL Sesamöl
Meersalz

1 Am Vortag für den Soja-Tofu den Ingwer schälen und fein reiben. Den Tofu in Scheiben schneiden und mit Sojasauce, Sesamöl, Ingwer, etwas Meersalz und dem Honig über Nacht marinieren.

2 Am gleichen Tag für die Kumquats den Zucker in einem Topf bei mittlerer Hitze goldbraun karamellisieren. Mit dem Wein ablöschen und den Sud köcheln lassen, bis sich der Zucker aufgelöst hat. Die Vanilleschoten längs aufschneiden und das Mark mit einem spitzen Messer herauskratzen. Die Vanilleschote und das -mark zum Weinsud geben und um ein Viertel einköcheln lassen.

3 Die Kumquats waschen, trocken tupfen und in Scheiben schneiden. Die Kerne entfernen und die Scheiben in dem Weinsud etwa 30 Sekunden köcheln lassen. Vom Herd nehmen und mehrere Stunden, am besten über Nacht, ziehen lassen.

4 Am nächsten Tag den Tofu aus der Marinade nehmen, abtropfen lassen und in etwa 1 cm große Würfel schneiden. Das Rapsöl in einer Pfanne erhitzen und den Tofu darin anbraten. Mit Meersalz abschmecken und die kalte Butter dazugeben.

5 Für den Blutampfer die Cashewkerne in einer Pfanne ohne Fett goldbraun rösten und klein hacken. Den Blutampfer waschen und trocken schütteln. Mit Sojasauce und Sesamöl mischen und mit Meersalz würzen.

6 Die Soja-Tofuwürfel mit dem Blutampfer auf Tellern anrichten. Die Kumquatscheiben darauf verteilen und die Cashewkerne darüberstreuen.

Tipp: Sojasauce aus erster Pressung ist bei uns auch als helle Sojasauce bekannt. Ich nehme sie gerne zum Aromatisieren von Gemüse, da sie die Gerichte nicht so stark einfärbt wie die dunkle Sojasauce.

Grünes Thai-Curry mit Zuckerschoten und Mais

Zutaten für 4 Personen

1 Fenchelknolle
1 Bund Staudensellerie
100 g Zuckerschoten
1 festkochende Kartoffel
8 Baby-Maiskolben
50 g Tofu
2 Schalotten
2 Stängel Zitronengras
10 g Ingwer
2 Kaffir-Limettenblätter
1 Knoblauchzehe
1–2 EL Sesamöl
1–3 EL grüne Currypaste (je nach gewünschter Schärfe)
$1/2$ l Kokosmilch
3 EL Sojasauce
Meersalz
1 TL geröstetes Sesamöl

1 Den Fenchel putzen, waschen und halbieren, den harten Strunk entfernen. Den Sellerie und die Zuckerschoten putzen und waschen. Die Kartoffel schälen und waschen. Alles in etwa $1^{1}/_2$ cm große Stücke schneiden.

2 Die Baby-Maiskolben putzen, waschen und längs vierteln. Den Tofu in etwa $1^{1}/_2$ cm große Würfel schneiden.

3 Die Schalotten schälen und in Ringe schneiden. Vom Zitronengras die welken Außenblätter und die obere, trockene Hälfte entfernen. Die Stangen mit dem Plattiereisen oder einem Topfboden andrücken. Den Ingwer schälen und fein reiben. Die Kaffir-Limettenblätter waschen, trocken tupfen und in feine Streifen schneiden. Den Knoblauch schälen und andrücken.

4 Das Sesamöl im Wok oder in einer großen Pfanne erhitzen und das Gemüse darin unter häufigem Rühren andünsten. Schalotten, Zitronengras, Ingwer und Knoblauch dazugeben und mitdünsten.

5 Dann die Currypaste hinzufügen und kurz mitrösten. Die Kokosmilch mit der Sojasauce angießen. Das Curry etwa 5 Minuten köcheln lassen, mit Meersalz und geröstetem Sesamöl abschmecken. Mit Duftreis (siehe rechts) servieren.

Tipp: Ich liebe Currys: Erstens sind sie schnell gemacht, und zweitens sind sie auch eine super Resteverwertung, weil man eigentlich alles Gemüse, was man so im Kühlschrank hat, mit hineinschnipseln kann. Lecker schmeckt das Curry z.B. auch mit grünem Spargel, Erbsen oder Möhren. Geröstetes Sesamöl ist wunderbar geeignet, um (asiatischen) Gerichten ein feines nussiges Aroma zu verleihen.

Mairüben-Kokos-Tandoori mit Duftreis

Zutaten für 4 Personen

Für das Mairüben-Kokos-Tandoori:

4 Mairüben
1 Knoblauchzehe
Meersalz
1 rote Chilischote
1 grüne Peperoni
1 rote oder gelbe Paprikaschote
1 weiße Zwiebel
2 Tomaten
1 Stange junger Lauch
10 g Ingwer
1 l Kokosmilch (gekühlt;
siehe Tipp S. 80)
2 EL Tandoori-Gewürzmischung
4 EL Rapsöl
1 Bund Koriander

Für den Duftreis:

2 grüne Kardamomkapseln
240 g Duftreis
1 Zimtstange
Meersalz

1   Für das Mairüben-Kokos-Tandoori die Mairüben putzen, schälen und in 1 cm große Würfel schneiden. Den Knoblauch schälen und in feine Würfel schneiden, mit Meersalz bestreuen und 3 Minuten ziehen lassen. Die Knoblauchwürfel mit einer Messerklinge zerreiben.

2   Die Chilischote längs halbieren, entkernen, waschen und in feine Würfel schneiden. Die Peperoni längs halbieren, entkernen, waschen und in feine Ringe schneiden. Die Paprikaschote längs halbieren, entkernen, waschen und in 1/2 cm große Würfel schneiden. Die Zwiebel schälen und in Streifen schneiden.

3   Die Tomaten waschen, vierteln und entkernen, dabei die Stielansätze entfernen. Die Tomatenviertel in Würfel schneiden. Den Lauch putzen, längs halbieren und waschen. Das Weiße vom Lauch schräg in Stücke, das Grüne in feine Streifen schneiden. Den Ingwer schälen und fein reiben.

4   Für den Duftreis die Kardamomkapseln andrücken. Den Reis auf einem Sieb unter fließendem kaltem Wasser waschen, bis dieses klar bleibt. Den Reis mit Kardamom und Zimt in 480 ml Salzwasser geben, kurz aufkochen und dann bei schwacher Hitze zugedeckt etwa 15 Minuten bissfest quellen lassen. Oder alternativ den Reis mit den Gewürzen in reichlich Salzwasser bissfest garen, in ein Sieb abgießen und abtropfen lassen. So wird der Reis etwas lockerer.

5   Inzwischen das abgesetzte cremige Fett der Kokosmilch in eine Pfanne geben und das Tandooripulver darin unter Rühren anrösten. Die Paste aus der Pfanne nehmen und die Pfanne mit Küchenpapier trocken reiben. Das Rapsöl in der Pfanne erhitzen und die Zwiebel mit dem Weißen vom Lauch und dem Knoblauch darin glasig dünsten. Mit Meersalz würzen. Die Mairüben und den Ingwer dazugeben und kurz mitdünsten. Die restliche Kokosmilch angießen und das Gemüse etwa 8 Minuten garen.

6   Die Paprikawürfel dazugeben und das Gemüse weitere 3 Minuten köcheln lassen. Tandooripaste, Chili, Peperoni und Tomaten hinzufügen und alles nochmals mit Meersalz abschmecken.

7   Den Koriander waschen und trocken schütteln, die Blätter abzupfen und in feine Streifen schneiden. Den Duftreis mit einer Gabel auflockern und mit dem Mairüben-Kokos-Tandoori anrichten. Den Koriander separat dazu reichen.

Asiatische Lasagne mit Shiitake-Pilzen und Spitzkraut

Zutaten für 4 Personen

2 Schalotten
12 Shiitake-Pilze
1 gelbe Paprikaschote
1 rote Paprikaschote
½ Spitzkohl
2 EL eingelegter Ingwer
(aus dem Glas)
20 g frischer Ingwer
½ Bund Koriander
2 EL Rapsöl
Meersalz
4 EL Ketjap manis (siehe Tipp)
1 EL Sojasauce
8 EL Sweet-Chili-Sauce
800 g Kokosmilch
1 TL geröstetes Sesamöl
20 Wan-Tan-Blätter (aufgetaut)

1 Die Schalotten schälen und in feine Würfel schneiden. Die Shiitake-Pilze putzen und in Scheiben schneiden. Die Paprikaschoten längs halbieren, entkernen, waschen und in Streifen schneiden.

2 Den Spitzkohl putzen und den harten Strunk herausschneiden. Den Kohl mit dem Gemüsehobel in feine Streifen hobeln. Den eingelegten Ingwer in feine Würfel schneiden, den frischen Ingwer schälen und fein reiben. Den Koriander waschen und trocken schütteln, die Blätter abzupfen und hacken.

3 Das Rapsöl in einer Pfanne erhitzen und die Schalotten darin bei mittlerer Hitze glasig dünsten. Die Shiitake-Pilze dazugeben und 2 Minuten mitbraten. Die Paprikastreifen hinzufügen und ebenfalls 2 Minuten mitanbraten. Den Spitzkohl untermischen und alles leicht mit Meersalz würzen (siehe Tipp).

4 Den eingelegten und den frischen Ingwer zum Gemüse geben. Ketjap manis, Sojasauce und Sweet-Chili-Sauce dazugeben und die Kokosmilch angießen. Alles einmal aufkochen und mit dem Sesamöl und gegebenenfalls nochmal mit Meersalz abschmecken.

5 Die Wan-Tan-Blätter einmal in kochendes Salzwasser legen und sofort wieder herausholen. Das Gemüse mit den Wan-Tan-Blättern abwechselnd auf Teller schichten und den Koriander darüberstreuen.

Tipp: Bei Gerichten, die mit Sojasauce gewürzt werden, sollte man mit Salz zunächst sparsam umgehen, da Sojasauce an sich schon sehr salzig ist. Daher lieber erst weniger verwenden und zum Schluss gegebenenfalls nachwürzen.
Ketjap manis ist eine dickflüssige Würzsauce aus Indonesien, die salzig und süß zugleich schmeckt und deshalb auch als süße Sojasauce bezeichnet wird. Man bekommt sie in gut sortierten Supermärkten.

Spätzlecocktail im Glas mit Morchelrahmsauce und Frühlingsgemüse

Zutaten für 4 Personen

Für die Spätzle:
8 Eier
Meersalz
400 g Mehl

Für das Frühlingsgemüse:
8 Schalotten
8 Stangen weißer Spargel
16 Stangen grüner Spargel
16 Zuckerschoten
8 Radieschen
ca. 80 g Butter
Meersalz

Für die Morchelrahmsauce:
ca. 200 g Morcheln
4 Schalotten
2 EL Rapsöl
80 g Butter
1/2 l Sherry (dry)
Meersalz
200 g Sahne
1/2 Bund Schnittlauch
2 EL geschlagene Sahne

1 Für die Spätzle die Eier in eine Schüssel geben und mit 2 Prisen Meersalz würzen. Das Mehl nach und nach unterrühren, bis ein zähflüssiger Teig entstanden ist. Mit einem Kochlöffel oder der Hand weiterschlagen bzw. kneten, bis der Teig Blasen wirft. Den Teig 10 Minuten ruhen lassen.

2 Inzwischen für das Frühlingsgemüse die Schalotten schälen und in feine Würfel schneiden. Den weißen Spargel schälen und die holzigen Enden entfernen. Den grünen Spargel waschen, nur im unteren Drittel schälen und die holzigen Enden entfernen. Von beiden Spargelsorten die Spargelspitzen 3 bis 4 cm lang abschneiden, die Stangen schräg in 1 cm lange Scheiben schneiden. Die Zuckerschoten putzen, waschen und in Rauten schneiden. Die Radieschen putzen, waschen und in dünne Spalten schneiden.

3 Für die Spätzle in einem großen Topf reichlich Salzwasser aufkochen. Den Spätzleteig portionsweise mit dem Spätzlehobel oder der Spätzlepresse in das siedende Wasser hobeln bzw. pressen oder mit einer Teigkarte von einem Holzbrett schaben. Die Spätzle einmal kurz aufkochen, mit dem Schaumlöffel herausheben und in gesalzenes Eiswasser geben. In ein Sieb abgießen und abtropfen lassen.

4 Für die Morchelrahmsauce die Morcheln putzen. Die Schalotten schälen und in feine Würfel schneiden. Das Öl in einer Pfanne erhitzen und die Morcheln darin bei mittlerer Hitze 3 Minuten anbraten. Die Butter und die Schalottenwürfel dazugeben. Mit dem Sherry ablöschen und 2 Minuten einköcheln lassen. Mit 2 Prisen Meersalz würzen. Die Sahne angießen und einmal aufkochen.

5 Schnittlauch waschen, trocken schütteln und in feine Röllchen schneiden, 1 EL für das Gemüse beiseitelegen. Den restlichen Schnittlauch mit den Spätzle zur Sauce geben und die geschlagene Sahne unterheben. Warm halten.

6 Für das Frühlingsgemüse die Butter in einer Pfanne erhitzen und die Schalotten darin glasig dünsten. Erst den weißen, dann den grünen Spargel dazugeben, mit Meersalz würzen und etwa 2 Minuten mitdünsten. Die Zuckerschoten hinzufügen und nach 1 Minute den beiseitegelegten Schnittlauch untermischen.

7 Die Spätzle mit der Morchelrahmsauce in Gläser geben, auf Teller stellen und Gemüse und Radieschen dazu anrichten. Alternativ die Spätzle mit der Sauce auf Teller verteilen, das Frühlingsgemüse daneben anrichten und mit den Radieschen belegen.

Kaffeecreme mit marinierten Erdbeeren und Tahiti-Vanilleeis

Zutaten für 8 Personen

Für die Kaffeecreme:

1 Vanilleschote
150 ml Milch
60 Kaffeebohnen (ca. 10 g)
200 g Sahne
40 g Speisestärke
40 g Zucker
2 Eigelb

Für das Tahiti-Vanilleeis:

1 Tahiti-Vanilleschote
1/4 l Milch
250 g Sahne
5 Eigelb
130 g Zucker

Für die marinierten Erdbeeren:

12 Erdbeeren
1 EL Zucker
Saft und abgeriebene Schale von
1/4 Bio-Zitrone

1 Am Vortag für die Kaffeecreme die Vanilleschote längs aufschneiden und das Mark herauskratzen. Die Milch mit Vanillemark, -schote und 30 Kaffeebohnen in einen Topf geben und zum Kochen bringen. In einem zweiten Topf die Sahne mit den restlichen Kaffeebohnen aufkochen. Beide Töpfe vom Herd nehmen und Kaffeemilch und Kaffeesahne zugedeckt jeweils 24 Stunden im Kühlschrank ziehen lassen.

2 Am nächsten Tag für das Tahiti-Vanilleeis die Vanilleschote längs aufschneiden und das Mark herauskratzen. Die Milch mit Sahne, Vanilleschote und -mark in einem Topf aufkochen. Die Eigelbe mit dem Zucker in einer Metallschüssel hellschaumig aufschlagen. Nach und nach die kochend heiße Milchmischung unter Rühren hinzufügen, dabei die Vanilleschote entfernen.

3 Die Eiermilch im heißen Wasserbad etwa 10 Minuten erhitzen, dabei mit einem flexiblen Teigschaber ruhig, aber beständig von der Schüsselwand wegrühren (»zur Rose abziehen«). Die Eiermilch dabei auf etwa 80 °C erhitzen, bis die Flüssigkeit anfängt zu binden. Die Masse nach Belieben durch ein Sieb gießen und abkühlen lassen. Anschließend in der Eismaschine zu einem cremigen Eis gefrieren lassen (alternativ siehe Tipp S. 185). Bis zum Servieren in das Tiefkühlfach stellen.

4 Die Kaffeemilch durch ein Sieb in einen Topf gießen und aufkochen lassen. In einer Schüssel die Speisestärke mit dem Zucker mischen und mit den Eigelben verrühren. Die heiße Milch unter Rühren dazugeben. Die Mischung in den Topf geben und unter ständigem Rühren mit dem Schneebesen aufkochen. Die Mischung in eine Schüssel geben und immer wieder rühren, bis sie abgekühlt und sämig ist.

5 Die Kaffeesahne durch ein Sieb in einen Rührbecher gießen. Die Sahne mit den Quirlen des Handrührgeräts steif schlagen und unter die Eiercreme heben. Die Kaffeecreme in Dessertschälchen verteilen.

6 Für die marinierten Erdbeeren die Erdbeeren waschen, putzen und in kleine Würfel schneiden. Die Erdbeerwürfel mit Zucker, Zitronensaft und -schale mischen und 15 Minuten ziehen lassen.

7 Aus dem Vanilleeis mit einem Eisportionierer Kugeln formen oder mit einem Esslöffel Nocken abstechen. Das Vanilleeis in Schälchen anrichten und mit der Kaffeecreme und den marinierten Erdbeeren servieren.

Mamas Dampfnudeln mit Erdbeersauce

Zutaten für 4 Personen

Für den Hefeteig:
250 g Mehl
1/3 Würfel (15 g) frische Hefe
25 g Zucker
1/8 l lauwarme Milch
1 Ei
25 g weiche Butter
Schale von 1 Bio-Zitrone
Salz
Mehl für die Arbeitsfläche

Für den Dämpfsud:
1/8 l Milch
20 g Butter
25 g Zucker
Meersalz

Für die Erdbeersauce:
200 g Erdbeeren
1 cl Erdbeergeist
1 Spritzer Zitronensaft

1 Für den Hefeteig das Mehl in eine Schüssel geben, in die Mitte eine Mulde drücken und die Hefe hineinbröckeln. Die Hefe mit 1 TL Zucker und 5 EL Milch leicht verrühren. Die Schüssel mit einem Tuch bedecken und den Vorteig an einem warmen Ort etwa 15 Minuten gehen lassen.

2 Dann das Ei mit der restlichen Milch verquirlen und in die Schüssel geben. Die weiche Butter in Stückchen, den restlichen Zucker, die Zitronenschale und 1 Prise Salz hinzufügen und alles zu einem Teig verkneten. Den Hefeteig auf der bemehlten Arbeitsfläche so lange »schlagen«, bis er Blasen wirft. Dann zu einer Rolle formen und in 8 gleich große Stücke schneiden. Die Teigstücke zu Kugeln formen und zugedeckt an einem warmen Ort 30 Minuten gehen lassen.

3 Für den Dämpfsud in einen weiten Topf Milch, Butter, Zucker und 1 Prise Meersalz geben und die Teigkugeln hineinsetzen. Die Flüssigkeit zugedeckt zum Kochen bringen und die Teigkugeln bei schwacher Hitze etwa 20 Minuten gar dämpfen (den Deckel zwischendurch auf keinen Fall öffnen – sonst fallen die Dampfnudeln zusammen!).

4 Inzwischen für die Erdbeersauce die Erdbeeren waschen, putzen und halbieren. Die Erdbeeren mit Erdbeergeist, Zitronensaft und nach Belieben etwas Puderzucker mit dem Stabmixer pürieren. Jeweils 2 Dampfnudeln mit etwas Erdbeersauce auf Tellern anrichten.

Tipp: Kleiner Fruchtkick fürs Auge und den Gaumen: Halbieren Sie 1 bis 2 Maracujas, und verteilen Sie die Kerne mit dem Saft als Deko auf den Tellern. Das Dampfnudelrezept stammt von meiner Mama. Die kleinen Dampfnudeln schmecken natürlich das ganze Jahr über, klassisch mit Vanillesauce oder mit Saucen aus Früchten der Saison.

Mandelkuchen mit Rhabarber und Waldhonigschaum

Zutaten für 12 Stücke

Für den Rhabarber:
2 Stangen Rhabarber (ca. 400 g)
1 Msp. Speisestärke (1 g)
200 ml trockener Weißwein
100 g Zucker
1 Vanilleschote
1 Zimtstange

Für den Mandelkuchen:
185 g weiche Butter
300 g Zucker
6 Eier (Zimmertemperatur)
300 g gemahlene geschälte Mandeln
90 g Mehl

Für den Waldhonigschaum:
100 ml Milch
2 EL Waldhonig

1 Für den Rhabarber die Rhabarberstangen waschen, schälen (die Schalen beiseitelegen) und in Würfel schneiden. Die Würfel in eine Schüssel geben. Die Speisestärke mit 1 EL Wein glatt rühren.

2 Den Zucker in einem Topf karamellisieren. Mit dem restlichen Wein den Karamell ablöschen und köcheln lassen, bis er aufgelöst ist.

3 Die Vanilleschote längs aufschneiden, das Mark herauskratzen und mit der Zimtstange und den Rhabarberschalen zur Karamellmischung geben. Die angerührte Speisestärke unterrühren und alles etwa 5 Minuten köcheln lassen. Dann durch ein Sieb auf die Rhabarberwürfel gießen. Den Rhabarber ziehen lassen und kühl stellen.

4 Für den Mandelkuchen den Backofen auf 175 °C (Umluft) vorheizen. Eine Springform (26 cm Durchmesser) mit Backpapier auslegen. Die Butter und den Zucker mit den Quirlen des Handrührgeräts schaumig schlagen.

5 Die Eier trennen. Die Eigelbe nach und nach unter die Buttermasse rühren. Dann die Eiweiße unter ständigem Rühren nach und nach untermischen. Die Mandeln mit dem Mehl mischen und rasch unter die Butter-Eier-Mischung rühren.

6 Den Teig in der Springform verteilen, glatt streichen und im Ofen auf der mittleren Schiene 25 bis 30 Minuten goldbraun backen.

7 Für den Waldhonigschaum die Milch auf etwa 80 °C erhitzen und den Honig dazugeben. Mit dem Stabmixer an der Oberfläche so lange mixer, bis sich Schaum gebildet hat. Den Mandelkuchen in Stücke teilen und mit dem Rhabarber und dem Waldhonigschaum servieren.

Rhabarberschlupfer mit Tonkabohneneis

Zutaten für 4 Personen

Für das Tonkabohneneis:
1/4 l Milch
250 g Sahne
1/4 geriebene Tonkabohne
5 Eigelb
120 g Zucker

Für die Rhabarberschlupfer:
160 g Rhabarber
100 g Zucker
140 g Weißbrot
1 Vanilleschote
100 ml lauwarme Milch
abgeriebene Schale von
1/2 Bio-Zitrone
4 Eiweiß
Salz
2 Eigelb

Außerdem:
Butter und Zucker für die Förmchen

1 Für das Tonkabohneneis die Milch und die Sahne mit der Tonkabohne aufkochen. Die Eigelbe mit dem Zucker in einer Metallschüssel hellschaumig aufschlagen. Nach und nach die kochend heiße Milchmischung unter Rühren hinzufügen.

2 Die Eiermilch im heißen Wasserbad etwa 10 Minuten erhitzen, dabei mit einem flexiblen Teigschaber ruhig, aber beständig von der Schüsselwand wegrühren (»zur Rose abziehen«). Die Eiermilch dabei auf etwa 80 °C erhitzen, bis die Flüssigkeit anfängt zu binden. Die Masse nach Belieben durch ein Sieb gießen und abkühlen lassen. Anschließend in der Eismaschine zu einem cremigen Eis gefrieren lassen (alternativ siehe Tipp S. 185). Bis zum Servieren in das Tiefkühlfach stellen.

3 Für die Rhabarberschlupfer den Ofen auf 180 °C (Umluft) vorheizen. Den Rhabarber putzen, waschen und in etwa 1 cm große Würfel schneiden. Mit 4 EL Zucker in einer Schüssel mischen und 10 Minuten ziehen lassen.

4 Das Weißbrot in etwa 1 cm große Würfel schneiden. Die Vanilleschote längs aufschneiden und das Mark mit einem spitzen Messer herauskratzen. Die Milch mit der Zitronenschale sowie Vanilleschote und -mark aufkochen, 5 Minuten ziehen lassen und über die Weißbrotwürfel geben, dabei die Vanilleschote entfernen.

5 Die Eiweiße mit dem restlichen Zucker und 1 Prise Salz zu einem cremigen Schnee schlagen. Den Rhabarber abgießen und mit den Weißbrotwürfeln mischen. Zuerst die Eigelbe unterrühren, dann den Eischnee vorsichtig unterheben.

6 Vier ofenfeste Förmchen (à etwa 120 ml Inhalt) mit Butter einfetten und mit Zucker ausstreuen. Die Ofenschlupfermasse darin verteilen und im Ofen auf der mittleren Schiene etwa 12 Minuten backen. Dann die Rhabarberschlupfer aus dem Ofen nehmen, vorsichtig aus den Förmchen heben und auf Dessertteller setzen. Vom Tonkabohneneis Kugeln abstechen und darauf anrichten.

Tipp: Sie können die Rhabarberschlupfer auch in einer großen Auflaufform backen und danach in Stücke schneiden. Die Backzeit verlängert sich dann um etwa 10 Minuten. Ofenschlupfer sind eigentlich ein Resteessen und werden aus altbackenem Brot gemacht. Das geht natürlich auch bei diesem Rezept, Sie sollten dann aber die Flüssigkeitsmenge etwas erhöhen.

Sommer

Sommer

Ich bin eindeutig ein Sommertyp. T-Shirt, Shorts, offener Helm auf dem Motorrad, das ist meine Welt. Ich mag die Hitze, 30 Grad sind für mich kein Problem, sondern ein großes Glück. Und als Koch ist der Sommer sowieso meine Lieblingszeit, weil ich dann 80 Prozent meiner Gemüse und Kräuter aus dem Rosenheimer Garten meiner Schwiegereltern beziehe.

Tomaten in verschiedensten Farben und Formen, Zucchini, Rettich, Kohlrabi, Karotten, Salat, Fenchel, Artischocken, Liebstöckl, Kapuzinerkresse, Kamille, Rotklee, Holunderblüten: Das alles wird mir dann frisch wie der Morgentau aus Rosenheim geliefert. Nur bei tropischen und subtropischen Pflanzen müssen die Schwiegereltern passen. Und ich als Sternekoch kann natürlich nicht ganz darauf verzichten.

Im Sommer bedauere ich es ganz besonders, dass ich so gut wie keine Zeit für Gartenarbeit habe. Ich kann mich nicht eben mal für ein paar Stunden von allem freimachen, um meinen Schwiegereltern in Rosenheim zu helfen. Dafür bin ich einfach zu viel unterwegs und stehe zu oft am Herd oder vor der Kamera. Gerade deswegen genieße ich jede Minute ganz besonders, die ich doch einmal dem Familiengarten widmen kann.

Für mich gibt es nichts Schöneres, als mich gemeinsam mit meinem Küchenchef Andi Schaidhauf dann in der Küche von den geernteten Gemüsen und Früchten inspirieren zu lassen. Denn so koche ich am liebsten: querbeet und aus dem Bauch heraus. Ein Gericht muss immer ein Teil von mir sein, ich muss mein Herz und meine Seele in ihm wiederfinden.

Meine Sommerküche ist genau so, wie ich den Sommer am liebsten habe: cool und gleichzeitig heißblütig, leicht und dabei immer leidenschaftlich. Ich verwende viele frische Blüten und tonnenweise Tomaten, die wahren Stars der Küche. Und ich empfehle allen, die unter der Sommerhitze stöhnen: Kocht meinen Gurkengazpacho oder meine Melonenkaltschale nach oder meine Kohlrabispaghetti mit Johannisbeertomaten, die alle Lebensgeister wecken! Dann werdet ihr den Sommer ebenso heiß und innig lieben wie ich.

Möhren

Wurzelgemüse tut sich in unserem Garten leider etwas schwer. Trotzdem versuchen wir uns im Anbau einer Urkarottensorte. Die Erträge sind nicht gerade hoch, aber geschmacklich sind die dunkelvioletten Wurzeln eine Wucht. Sie sind süßlicher und saftiger als die orangefarbenen Verwandten. Urkarotten kann man auch in manchen Gemüseläden oder auf Wochenmärkten kaufen. Beim Verarbeiten kann es sinnvoll sein, Handschuhe zu tragen. Eine leichte Lilafärbung von Zunge und Lippen lässt sich aber unter Umständen nicht vermeiden.

Und so schmeckt's mir am besten

Die Möhren schälen oder gut waschen und mit dem Asia- oder Trüffelhobel (zwei meiner Lieblingswerkzeuge, ein Gemüsehobel oder Sparschäler geht natürlich auch) in feine Steifen hobeln. Die Möhrenstreifen in einer Pfanne in etwas Butter 1 bis 2 Minuten andünsten, bis sie leicht zusammenfallen. Dann mit Meersalz würzen. Die Möhrennudeln mit einer Gabel aufdrehen und auf Tellern anrichten. Nach Belieben noch ein paar Haselnüsse fein darüberhobeln. Zum Eyecatcher wird das Ganze, wenn man Urkarotten verwendet.

Die Wurzeln der Wurzel: Die Möhre war nicht immer so orange, wie wir sie heute kennen. Je nach Ursprungsgebiet war sie weiß, rotviolett oder sogar schwarz. In Europa war die gängige Möhre bis ins 16. Jahrhundert gelb, bis sich schließlich die in den Niederlanden gezüchtete, orangefarbene Möhre durchsetzte. Heutzutage aber sind »neue alte« Möhrensorten wieder beliebt, und die Auswahl ist um einiges bunter geworden.

Die inneren Werte: Möhren sind reich an Kohlenhydraten und Ballaststoffen, sie enthalten etwas Eiweiß und so gut wie kein Fett. Herausstechendes Merkmal ist der hohe Betakarotin-Gehalt (Provitamin A), der bei dunklen Möhrensorten sogar noch höher ist als bei den orangefarbenen. Damit der Körper es aufnehmen kann, müssen Möhren zusammen mit etwas Fett verzehrt werden, denn Karotin ist fettlöslich. Natürlich haben die beliebten Wurzeln noch mehr zu bieten: B-Vitamine, etwas Vitamin C und E, Kalium, Kalzium und Eisen.

Gut zu wissen: Gart man Möhren zusammen mit anderem Gemüse, das viel Säure enthält, wie etwa Tomaten, kann es vorkommen, dass die Möhren nicht weich werden, denn die Säure stoppt den Garprozess. Gleiches gilt bei Wein oder Saft.

Zucchini

In der Küche muss es bunt zugehen, erst dann macht es richtig Spaß. Ich freue mich immer wieder über die Farbenvielfalt der Gemüsewelt und finde, man sollte diese auch ausschöpfen, wo es nur geht. Selbst wenn es geschmacklich keinen großen Unterschied macht wie im Fall von grünen und gelben Zucchini. Aber das Auge isst eben immer mit und beeinflusst auch das Geschmackserlebnis.

Anbau im eigenen Garten: Zucchini ist ein dankbares Gemüse, das schnell wächst, klimatisch anpassungsfähig und ertragreich ist. Die Pflanzen brauchen allerdings relativ viel Platz. Die Früchte muss man klein ernten, länger als 10, maximal 20 cm sollten sie nicht sein, dann haben sie das intensivste Aroma und schmecken am besten. Wenn man Zucchini lange wachsen lässt, können sie riesig werden. Große Früchte kann man zwar noch verwenden, sie sind aber ziemlich geschmacksneutral. Man sollte sie dann lieber gegart statt roh essen.

So bleibt's länger frisch: Zucchini halten sich im Gemüsefach im Kühlschrank schon mal ein, zwei Wochen. Zucchiniblüten hingegen sollten gleich nach dem Kaufen bzw. der Ernte zubereitet werden, denn sie verderben ganz schnell.

Für praktisch veranlagte Köche mit wenig Zeit: Gemüse in guter Qualität schmeckt naturbelassen oft am besten. Junge frische Zucchini braucht man nur in Scheiben schneiden, mit etwas Salz bestreuen und 5 bis 10 Minuten ziehen lassen.

Für Küchenkünstler mit viel Zeit: Zucchiniblüten sind immer ein Hingucker. Zum Füllen eignen sich die weiblichen Blüten besser, denn sie sind größer. Will man sie ungefüllt frittieren, kann man die kleineren männlichen Blüten verwenden.

Und so schmeckt's mir am besten

Zucchini ist für mich Sommerfeeling pur! Denn wenn man Zucchini im eigenen Garten hat, macht man am besten eines: Zum Grillabend mit Freunden ein paar der jungen Kürbisgewächse abpflücken und längs in Scheiben geschnitten und mit Salz bestreut auf dem Holzkohlegrill von beiden Seiten brutzeln, bis sie richtig schön Farbe angenommen haben. Dann werden selbst die Fleischesser neidisch! Ich bin ja ein großer Freund von Röstaromen – doch verbrannt sollten die Zucchini natürlich nicht sein, aber auch nicht allzu weit davon entfernt.

Tomaten

Was wäre das Leben nur ohne Tomatensauce? Tomaten sind für mich das wichtigste Gemüse überhaupt. Und offenbar bin ich damit nicht allein: Hierzulande isst jeder knapp 25 Kilo Tomaten pro Jahr. Damit ist das vielseitige Nachtschattengewächs das beliebteste Gemüse der Deutschen (von der Kartoffel einmal abgesehen). Und weltweit sieht es nicht viel anders aus: Rund 160 Millionen Tonnen Tomaten werden jährlich produziert und bilden unter anderem die Grundlage für internationale Klassiker wie Penne al pomodoro, Salsa und Ketchup.

Und so schmeckt's mir am besten

Vollreife Tomaten waschen, klein schneiden und in der Küchenmaschine oder mit dem Stabmixer kurz anmixen. Ein Sieb mit einem Passiertuch auslegen, über eine Schüssel hängen und die Tomaten hineingeben. Oder das Passiertuch zubinden und aufhängen. Die Tomaten über Nacht abtropfen lassen. Das aromatische Tomatenwasser lässt sich vielseitig einsetzen, z.B. für Tomatenconsommé (siehe S. 85) oder für Salatdressings (siehe S. 92). Die abgetropften Tomaten nicht wegwerfen! Daraus kann man einen tollen Sugo kochen (siehe Tipp S. 95).

Die inneren Werte: Tomaten enthalten die Vitamine A, C und E, B-Vitamine, den roten Farbstoff Lycopin und große Mengen Kalium. Der Gehalt an Antioxidantien ist in Bio-Tomaten übrigens fast doppelt so hoch wie in den konventionell angebauten.

Die Qual der Wahl: Die Vielfalt an Tomatensorten ist gewaltig und ebenso groß sind die geschmacklichen Unterschiede. Glücklicherweise sind hier alte Sorten wieder im Kommen wie die Johannisbeertomaten, winzig kleine Aromabomben, oder die Miranda, eine gerippte und herrlich süßsäuerliche Vertreterin ihrer Art. Der Anbau von Tomaten ist nicht schwer und gelingt auch Anfängern und Balkonbesitzern. Und es lohnt sich!

Jetzt zugreifen: Von Juli bis September sind die heimischen Tomaten am besten. Mein Tipp: Im Januar und Februar gibt es oft superaromatische Tomaten aus Sizilien.

So bleibt's länger frisch: Der Kühlschrank schadet Geschmack und Konsistenz von Tomaten und macht sie auch nicht länger haltbar. Bei kühler Zimmertemperatur geht es ihnen deutlich besser. Aber Vorsicht: Tomaten sondern Äthylen ab, was anderes Gemüse und Obst schneller reifen und verderben lässt.

Gurken

Kein Gemüse ist so erfrischend wie die Gurke! Kein Wunder, sie besteht ja auch zu 97 Prozent aus Wasser – und hat damit sogar einen höheren Wassergehalt als Milch! Und noch ein interessanter Fakt: Gurken sind eigentlich Beeren und gehören somit zu den Kürbisgewächsen.

Die idealen Partner: Geschmacklich harmonieren Gurken wunderbar mit allem, was ihre Frische unterstreicht. Besonders gut passen Kräuter wie Kerbel, Koriander und natürlich der Klassiker Dill. Richtig genial ist Borretsch, denn er hat selbst ein gurkenähnliches Aroma. Auch Ingwer hebt die Frische hervor. Ansonsten haben schon die Griechen mit dem Tsatsiki oder die Inder mit der Raita gezeigt, dass Gurke und Milchprodukte Hand in Hand gehen. Ich mag sie zudem gerne mit Kokosmilch, die für Menschen mit Laktoseintoleranz eine gute Alternative ist.

Jetzt zugreifen: Im Juli und August können wir die frischen Gurken von heimischen Feldern kaufen – den Rest des Jahres kommen sie leider aus dem Gewächshaus. Grund genug, sich die aromatischen Gärtnergurken nicht nur in den Salat zu schnippeln, sondern auch die kleineren Exemplare mit Essig, Senfsamen und Kräutern in Gläsern einzumachen.

Für praktisch veranlagte Köche mit wenig Zeit: Gurken sind grundsätzlich in der schnellen Küche zu Hause, leicht gesalzen als Gemüsesticks oder im Salat einfach unübertrefflich.

Für Küchenkünstler mit viel Zeit: Viele Gurkengerichte, wie Schmorgurken oder Gurkensalat (siehe Kasten unten), lassen sich schön anrichten, indem man eine Gurke längs halbiert, entkernt, längs in sehr dünne Scheiben schneidet, diese mit Salz bestreut, kreisförmig eindreht und das Gericht hineinfüllt.

Und so schmeckt's mir am besten

Eine ungewöhnliche, aber grandiose Kombination: Schmorgurken mit Vanille. Die Gurke schälen, entkernen, in Scheiben schneiden und in Butter 2 bis 3 Minuten schmoren. 1 Msp. Vanillemark dazugeben und mit Salz würzen. Einfach mal ausprobieren! An heißen Sommertagen mache ich außerdem gerne einen schnellen Asia-Gurkensalat. Dafür 1 Gurke schälen, entkernen und in Würfel schneiden. Eine Handvoll Mangowürfel und etwas gehackten Koriander untermischen und mit Öl und heller Sojasauce anmachen, mit Salz würzen.

Asiatischer Gurken-Gazpacho mit Ingwer und Koriander

Zutaten für 4 Personen

2 Salatgurken
½ Bund Koriander
1 walnussgroßes Stück frischer
Ingwer
10 g eingelegter Ingwer (aus
dem Glas)
¼ Chilischote
100 g Crème fraîche
100 ml Kokosmilch ohne Fett
(siehe Tipp)
2 EL Reisessig
Meersalz

1   Die Gurken schälen, längs halbieren und die Kerne mit einem Teelöffel entfernen. Die Gurken in Stücke schneiden.

2   Den Koriander waschen und trocken schütteln, 4 Blätter abzupfen und für die Garnitur beiseitelegen. Den frischen Ingwer schälen und fein reiben. Den eingelegten Ingwer fein hacken. Die Chilischote entkernen, waschen und in feine Würfel schneiden.

3   Den Koriander mit den Stielen in den Küchenmixer oder einen hohen Rührbecher geben. Die restlichen Zutaten hinzufügen und alles im Küchenmixer oder mit dem Stabmixer fein pürieren. Mit Meersalz würzen und nach Belieben noch durch ein feines Sieb gießen. Nochmals abschmecken.

4   Den Gazpacho in Schälchen verteilen und mit den Korianderblättern garnieren.

Tipp: Ist die Kokosmilch kalt, ist das Fett fest, und man kann es einfach mit einem Löffel abnehmen. Den flüssigen Rest dann für die Suppe verwenden. Das Kokosfett ist z. B. super für den Curry-Blumenkohl von S. 55 oder das Mairüben-Kokos-Tandoori von S. 61. Wer keinen Koriander mag, kann stattdessen auch Thai-Basilikum verwenden.

Artischockenessenz mit Schmorgemüseravioli

Zutaten für 4 Personen

Für den Nudelteig:
250 g Mehl
4 Eigelb · 1 Ei
1/2 EL Weißweinessig
2 EL Olivenöl · Meersalz

Für die Artischockenessenz:
2 Schalotten
4 Artischocken
1 l trockener Weißwein
1 l Gemüsebrühe
10 Korianderkörner
Meersalz

Für die Füllung:
20 g Fenchel
20 g rote Paprikaschote
20 g gelbe Paprikaschote
15 g Aubergine
35 g Tomate (entkernt)
40 g Zucchino
12 g schwarze Oliven (ohne Stein)
1/4 Knoblauchzehe
2 EL Olivenöl
Meersalz
1 Zweig Rosmarin
1 Zweig Thymian
2 Basilikumblätter

Außerdem:
Mehl für die Arbeitsfläche

1 Für den Nudelteig das Mehl in eine Schüssel geben. Die Eigelbe mit dem Ei, dem Essig und 1 EL Olivenöl vermischen und mit 1 Prise Meersalz würzen. Die Eiermischung unter das Mehl rühren bzw. kneten. Die Masse sollte eine glatte, aber feste Konsistenz haben. Den Teig zu einer Kugel formen, mit dem restlichen Öl einreiben, in Frischhaltefolie wickeln und im Kühlschrank 2 Stunden ruhen lassen.

2 Für die Artischockenessenz die Schalotten schälen und in Streifen schneiden. Von den Artischocken die Stiele sowie die harten Blattspitzen im oberen Teil abtrennen. Die Blätter rund um die Böden abschneiden und beiseitelegen. Das »Heu« herauslösen. Die beiseitegelegten Blätter mit Schalotten, Wein, Brühe, Koriander und etwas Meersalz aufkochen und 10 Minuten leicht köcheln lassen. In ein Sieb abgießen und die Blätter gut ausdrücken. Den Fond auf 1 l einkochen lassen. Abschmecken und warm halten.

3 Für die Füllung 30 g Artischockenboden mit dem restlichen Gemüse und den Oliven in etwa 4 mm große Würfel schneiden. Die übrigen Artischockenböden anderweitig verwenden (siehe z. B. Rezept S. 90; die Artischockenböden bis zur Verwendung in Zitronenwasser aufbewahren). Den Knoblauch leicht andrücken.

4 Das Olivenöl in einer Pfanne erhitzen und die Fenchelwürfel darin 1 Minute andünsten. Die Paprikawürfel dazugeben und bei starker Hitze weitere 2 Minuten dünsten. Die Auberginenwürfel dazugeben, den Knoblauch hinzufügen und alles mit Meersalz würzen. Das Gemüse weitere 3 Minuten garen. Den Rosmarin und Thymian waschen, trocken tupfen und dazugeben. Nochmals 2 Minuten garen, dann die Tomaten- und Zucchinowürfel untermischen. Abschmecken und abkühlen lassen. Das Basilikum waschen, trocken tupfen, fein hacken und unter das Gemüse mischen.

5 Den Nudelteig auf der bemehlten Arbeitsfläche 1 bis 2 mm dünn ausrollen oder mit der Nudelmaschine zu zwei dünnen Bahnen ausrollen. Die Füllung in einen Spritzbeutel geben und im Abstand von 4 cm kleine Häufchen auf eine Teigbahn spritzen. Die zweite Teigbahn darüberlegen und um die Füllung herum andrücken. Ravioli ausschneiden und die Ränder nochmals gut andrücken.

6 In einem großen Topf reichlich Salzwasser aufkochen, die Ravioli hineingeben und etwa 30 Sekunden köcheln lassen. Die Artischockenessenz in vorgewärmte tiefe Teller verteilen und die Ravioli darin anrichten. Nach Belieben mit einigen Basilikumblättern, Tomatenstückchen und einigen Tropfen Kräuteröl garnieren.

Tomatenconsommé mit gefülltem Zucchino und Ricottaklößchen

Zutaten für 4 Personen

Für die Tomatenconsommé:

2,3 kg Tomaten
2 EL Gin
5 EL Weißweinessig
1 Bund Basilikum
2 EL Meersalz
1 EL Zucker

Für die Ricottaklößchen:

250 g Ricotta
75 g frische Weißbrotbrösel
20 g flüssige Butter
1 Eigelb · 1 Ei
5 Basilikumblätter
Meersalz

Für den gefüllten Zucchino:

1 Zucchino
2 vorwiegend festkochende
Kartoffeln
2 Schalotten
40 g Butter
Meersalz
100 ml trockener Weißwein
200 ml Gemüsebrühe
ca. 100 g schwarze Oliven
(ohne Stein)
2 Tomaten
6 EL geriebener Parmesan
2 EL Olivenöl
4 Zucchiniblüten

1 Am Vortag für die Tomatenconsommé die Tomaten waschen und vierteln, dabei die Stielansätze entfernen. Die Tomatenviertel mit den restlichen Zutaten kurz anmixen. Ein Sieb mit einem Passiertuch auslegen, über eine Schüssel hängen und die Tomaten hineingeben. Die Tomaten über Nacht abtropfen lassen (siehe S. 78 und Tipp S. 95).

2 Am nächsten Tag für die Ricottaklößchen den Ricotta mit den Bröseln, der Butter, dem Eigelb und dem Ei mischen und 1 Stunde ruhen lassen. Inzwischen für den gefüllten Zucchino den Zucchino längs halbieren und die Kerne mit einem Teelöffel entfernen.

3 Für die Füllung die Kartoffeln schälen, waschen und in etwa 3 mm große Würfel schneiden. Die Schalotten schälen und in feine Würfel schneiden. In einer Pfanne in 2 EL Butter andünsten und die Kartoffeln dazugeben. Mit Meersalz würzen und mit Wein ablöschen. Auf die Hälfte einkochen lassen und mit der Brühe auffüllen.

4 Den Backofen auf 160 °C (Umluft) vorheizen. Die Oliven in Ringe schneiden. Die Tomaten waschen, vierteln und entkernen, dabei die Stielansätze entfernen. Die Tomatenviertel in Würfel schneiden. Wenn die Kartoffelwürfel weich sind, die Oliven und Tomaten untermischen, kurz erhitzen und mit 2 EL Parmesan abschmecken.

5 Für die Ricottaklößchen den Basilikum waschen, trocken tupfen, fein hacken und unter die Klößchenmasse rühren. In einem großen Topf reichlich Salzwasser aufkochen. Aus der Klößchenmasse mit einem Esslöffel Nocken abstechen und in das kochende Wasser gleiten lassen. Die Temperatur sofort reduzieren und die Nocken knapp unter dem Siedepunkt etwa 2 Minuten ziehen lassen. Die fertigen Nocken im Kochwasser warm halten. Die Tomatenconsommé abschmecken und kurz erhitzen.

6 Das Olivenöl in einer Pfanne erhitzen, die Zucchinihälften darin anbraten und mit Meersalz würzen. Einen Teil der Füllung in die Zucchiniblüten geben und die oberen Spitzen etwas eindrehen. Übrige Füllung in den Zucchinihälften verteilen. Mit etwas Parmesan bestreuen und die Zucchinihälften im Ofen etwa 2 Minuten überbacken. Die restliche Butter in einer Pfanne erhitzen, die Zucchiniblüten darin anbraten und mit Meersalz würzen. Mit übrigem Parmesan bestreuen und im Ofen 1 Minute überbacken.

7 Die Tomatenconsommé mit den Ricottaklößchen in tiefe Teller verteilen. Zucchinihälften quer halbieren und mit den Blüten zu der Consommé servieren.

Melonen-Chili-Kaltschale und Melonensalat

Zutaten für 4 Personen

Für den Melonensalat:

300 g Galia-Melonenfruchtfleisch
2 Tomaten
1 EL Waldhonig
Meersalz
4 Radieschen
1 rote Chilischote
4 grüne Peperoni
8 EL Olivenöl

Für die Melonen-Chili-Kaltschale:

650 g Galia-Melonenfruchtfleisch
$1/2$ rote Chilischote
1 TL geriebener Ingwer
210 g Buttermilch
1 EL Olivenöl
1 TL Waldhonig
Meersalz

1 Für den Melonensalat das Melonenfruchtfleisch in Würfel schneiden. Die Tomaten waschen, vierteln und entkernen, dabei die Stielansätze entfernen. Die Tomatenviertel in Würfel schneiden. Die Melonen- und Tomatenwürfel in einer Schüssel mischen.

2 Den Honig etwas erwärmen und die Melonen- und Tomatenwürfel mit Honig und Meersalz marinieren. Die Radieschen putzen, waschen, vierteln und in feine Scheiben oder Würfel schneiden. Die Chilischote und die Peperoni längs aufschneiden, entkernen und waschen. Die Chilischote in feine Würfel, die Peperoni in feine Ringe schneiden. Mit den Radieschen unter den Salat mischen.

3 Zum Servieren den Melonensalat auf Tellern anrichten. Mit dem Olivenöl beträufeln und nach Belieben mit Erbsensprossen garnieren.

4 Für die Melonen-Chili-Kaltschale das Melonenfruchtfleisch in Würfel schneiden. Die Chilischote entkernen und waschen.

5 Melone, Chilischote und Ingwer mit der Buttermilch, dem Olivenöl, dem Honig und 2 TL Meersalz im Küchenmixer oder mit dem Stabmixer fein pürieren (Vorsicht: Nicht zu lange mixen, da die Buttermilch sonst gerinnen kann). Die Melonen-Chili-Kaltschale nach Belieben noch durch ein feines Sieb streichen und nochmals abschmecken. In Schälchen verteilen und servieren.

Tipp: Wer es gerne etwas herzhafter mag, ersetzt die Melone durch die entsprechende Menge Salatgurke. Aber auch hier sollten vor dem Verarbeiten die Kerne entfernt werden. Dazu einfach die geschälte Gurke längs halbieren und die Kerne mit einem Teelöffel herausschaben.

Möhren-Buttermilch-Süppchen mit Ingwer und Orange

Zutaten für 4 Personen

6 Schalotten
500 g Möhren
50 g Butter
200 ml trockener Weißwein
Meersalz
60 g frischer Ingwer
100 g eingelegter Ingwer
(aus dem Glas)
2 Bio-Orangen
300 g Sahne
1/2 Bund Thai-Basilikum
1/4 Bund Koriander
200 g Buttermilch

1 Die Schalotten schälen und in feine Würfel schneiden. Die Möhren putzen, schälen und in kleine Würfel schneiden. Die Butter in einer Pfanne erhitzen, die Schalotten darin glasig dünsten. Die Möhren dazugeben und kurz mitdünsten. Den Wein hinzufügen und etwa 3 Minuten einkochen lassen. Mit Meersalz würzen.

2 Den frischen Ingwer schälen und fein reiben, den eingelegten in Stücke schneiden. Die Orangen heiß waschen, die Schale abreiben und den Saft auspressen. Ingwer, Orangenschale und -saft sowie die Sahne zu den Möhren geben und etwa 15 Minuten köcheln lassen.

3 Die Kräuter waschen und trocken schütteln, die Blätter abzupfen und fein hacken. Die Möhren samt Sud mit dem Stabmixer oder im Küchenmixer fein pürieren. Die Suppe durch ein feines Sieb gießen und die Buttermilch untermischen (nicht mehr kochen, weil die Buttermilch sonst gerinnt!).

4 Das Möhren-Buttermilch-Süppchen in tiefe Teller verteilen und mit den Kräutern bestreuen.

Tipp: Eingelegter Ingwer ist wunderbar zum Aromatisieren von Suppen, aber auch für Vinaigrettes, Salate und alle asiatischen Gerichte. Ich liebe es auch, ihn zwischendurch zu naschen – quasi aus dem Glas direkt in den Mund! Man bekommt eingelegten Ingwer in Asialäden oder in gut sortierten Supermärkten.

Südlicher Fond mit Gemüse-Pfannkuchen-Säckchen

Zutaten für 4 Personen

Für den südlichen Fond:
3 Schalotten
2 Knoblauchzehen
je 1 rote und gelbe Paprikaschote
1 Fenchelknolle
1 Stange Staudensellerie
1 Zucchino
1/4 Stange Lauch
2 Tomaten
4 EL Olivenöl
2 Sternanis
5 Pimentkörner
ca. 30 Korianderkörner
1/8 l Wermut (z.B. Noilly Prat)
1/8 l trockener Weißwein
Meersalz
10 Safranfäden
1/4 l Gemüsebrühe

Für die Pfannkuchen:
1/4 l Milch
5 Safranfäden
50 g Butter
3 Eier
Koriander aus der Mühle
Meersalz
100 g Mehl
Öl zum Braten

Außerdem:
einige Schnittlauchhalme

1 Für den südlichen Fond die Schalotten und Knoblauch schälen und in feine Würfel schneiden. Paprikaschoten längs halbieren, entkernen und waschen. Fenchel putzen, waschen und halbieren, den harten Strunk entfernen. Sellerie und Zucchino putzen und waschen. Den Lauch längs aufschneiden, waschen und trocken schütteln. Alle Gemüsesorten in etwa 1/2 cm große Würfel oder Scheiben schneiden. Die Tomaten waschen und vierteln, dabei die Stielansätze entfernen. Viertel in kleine Würfel schneiden.

2 Das Olivenöl in einer Pfanne erhitzen und die Schalotten mit dem Knoblauch darin glasig dünsten. Paprika, Fenchel und Sellerie dazugeben und mitdünsten. Sternanis, Piment- und Korianderkörner in einem Tee-Ei oder einem Einwegteebeutel hinzufügen. Mit Wermut und Wein ablöschen. Den Safran untermischen und mit Meersalz würzen. Das Gemüse etwa 5 Minuten köcheln lassen.

3 Zucchino, Lauch, Tomaten und Brühe zum Gemüse geben und aufkochen lassen. Die Gewürze entfernen. Das Gemüse mit dem Fond in ein Sieb abgießen. Den Fond auffangen und mit Meersalz würzen. Das Gemüse beiseitelegen.

4 Für die Pfannkuchen die Milch mit dem Safran in einem kleinen Topf aufkochen und 5 Minuten ziehen lassen. Die Butter einrühren, schmelzen und die Mischung lauwarm abkühlen lassen. Die Eier mit dem Schneebesen unterrühren. Die Eier-Milch-Mischung mit Koriander und Meersalz würzen.

5 Das Mehl in eine Schüssel geben und in die Mitte eine Mulde drücken. Die Eier-Milch-Mischung unter ständigem Rühren in die Mulde gießen und das Mehl nach und nach einarbeiten, bis ein glatter, flüssiger Teig entstanden ist.

6 Etwas Öl in einer beschichteten Pfanne erhitzen, 1 kleinen Schöpflöffel Teig hineingeben und durch Schwenken der Pfanne möglichst dünn verteilen, sodass der Boden der Pfanne bedeckt ist. Den Teig auf der Unterseite goldbraun backen, wenden und die andere Seite ebenfalls goldbraun backen. Den Pfannkuchen herausnehmen und warm halten. Aus dem restlichen Teig auf die gleiche Weise 3 weitere Pfannkuchen backen.

7 Schnittlauchhalme 1 Sekunde in kochendes Wasser tauchen. Beiseitegelegte Gemüse in einem Topf erhitzen. Fond ebenfalls erhitzen. Das Gemüse in die Mitte der Pfannkuchen verteilen. Diese über dem Gemüse zu Säckchen zusammenfalten und mit den Schnittlauchhalmen zubinden. Fond in tiefen Tellern mit den Säckchen anrichten.

Feiner Sommersalat mit Artischocken und Blutampfer

Zutaten für 4 Personen

Für die Artischocken:
4 Artischocken · Zitronensaft
¼ l trockener Weißwein
je 2 Zweige Rosmarin und Thymian
1 Knoblauchzehe · 2 EL Korianderkörner · Meersalz

Für den Sommersalat:
10 Champignons · 1 Zweig Rosmarin
1 Knoblauchzehe · 5 Korianderkörner · 2 EL Olivenöl · Meersalz
20 Melonen-Gurken (ersatzweise
1 kleine Salatgurke)
je 20 rote und gelbe Johannisbeertomaten (siehe Tipp S. 100)
je 1 kleiner gelber und grüner
Zucchino · 1 Friséesalat
150 g Blutampfer (ersatzweise
Sauerampfer)
1 Handvoll Kerbel
1 Handvoll Kressemix (z.B. Shizokresse, Gartenkresse, Erbsensprossen, Rotkohlsprossen)
1 Handvoll gemischte essbare
Blüten (z.B. Kornblumen, Tagetes,
Kapuzinerkresse)

Für die Vinaigrette:
3 EL Gemüsebrühe · 1 EL Balsamico
bianco · 2 EL Aceto balsamico
3 EL frisch gepresster Orangensaft
Meersalz · 1 TL scharfer Senf
1 TL Honig · 6 EL Olivenöl
1 EL Walnussöl · 2 EL Distelöl

1   Die Artischocken, wie auf S. 107 beschrieben, putzen und die Artischockenböden mit dem Wein, ¼ l Wasser, den Kräutern, dem Knoblauch, den Korianderkörnern und Meersalz garen. Die gegarten Artischockenböden achteln.

2   Für den Sommersalat die Champignons putzen, falls nötig, mit Küchenpapier trocken abreiben und vierteln. Den Rosmarin waschen und trocken tupfen. Den Knoblauch schälen und leicht andrücken. Die Korianderkörner im Mörser fein zerstoßen.

3   Das Olivenöl in einer Pfanne erhitzen und die Artischockenböden darin bei starker Hitze etwa 3 Minuten anbraten. Die Pilze dazugeben und etwa 4 Minuten mitbraten. Mit Meersalz würzen, Rosmarin, Knoblauch und Koriander dazugeben, 1 Minute mitbraten und die Pfanne vom Herd nehmen.

4   Die Melonengurken waschen und schräg halbieren. Die Johannisbeertomaten waschen und nach Belieben halbieren. Die Zucchini putzen, waschen und in Scheiben schneiden. Gurken, Tomaten und Zucchini in eine Schüssel geben und leicht mit Meersalz würzen.

5   Vom Friséesalat die äußeren Blätter entfernen. Den Salat in die einzelnen Blätter teilen, waschen, trocken schleudern und in mundgerechte Stücke zupfen. Blutampfer, Kerbel und Kresse abbrausen und trocken schütteln.

6   Für die Vinaigrette Brühe, beide Essigsorten und Orangensaft leicht erhitzen und mit Meersalz würzen. Senf und Honig unter die Mischung rühren. Die Ölsorten mit dem Schneebesen unterrühren und die Vinaigrette mit Meersalz abschmecken.

7   Die abgekühlte Artischocken-Pilz-Mischung zum Gemüse in die Schüssel geben, dabei den Rosmarinzweig und den Knoblauch entfernen. Den Friséesalat, die Kräuter und die Vinaigrette dazugeben und alles mischen. Den Sommersalat auf Tellern anrichten und mit den essbaren Blüten bestreuen.

Tipp: Sie können die Artischocken auch putzen und anschließend die Böden ganz fein hobeln, dann kann man sie gleich braten und braucht sie nicht vorzugaren.

Zucchinicarpaccio mit Burrata und Tomatenvinaigrette

Zutaten für 4 Personen

Für die Tomatenvinaigrette:
365 g Tomaten
1 EL Weißweinessig
1 EL Gin
Meersalz
2 EL Olivenöl
2 EL Tomatenwürfel

Für das Zucchinicarpaccio:
2 grüne Zucchini
2 gelbe Zucchini
Meersalz
200 g Burrata (siehe Tipp; ersatzweise Büffelmozzarella)
Pfeffermischung Pepe No. 4 (siehe Tipp S. 158; ersatzweise Pfeffer aus der Mühle)

Außerdem:
8 Basilikumblätter

1   Am Vortag für die Tomatenvinaigrette die Tomaten waschen und vierteln, dabei die Stielansätze entfernen. Die Tomatenviertel mit dem Essig, dem Gin und 1 TL Meersalz mischen und im Küchenmixer oder mit dem Stabmixer etwa 10 Sekunden mixen. Ein Sieb mit einem Passiertuch auslegen, über eine Schüssel hängen und die Tomaten hineingeben. Die Tomaten über Nacht abtropfen lassen (siehe S. 78 und Tipp S. 95).

2   Am nächsten Tag für das Zucchinicarpaccio die Zucchini putzen, waschen und quer in 2 mm dicke Scheiben schneiden. Leicht mit Meersalz bestreuen und 10 Minuten ziehen lassen. Den Burrata vierteln und mit Meersalz und Pfeffer würzen.

3   Vom abgetropften Tomatenwasser 3 EL abnehmen, den Rest anderweitig verwenden (eignet sich z.B. gut als Essigersatz für andere Vinaigrettes). Das Tomatenwasser mit 1 Prise Meersalz würzen und das Olivenöl unterrühren. Die Tomatenwürfel dazugeben. Die Basilikumblätter waschen, trocken schütteln und in Streifen schneiden.

4   Grüne und gelbe Zucchinischeiben abwechselnd dachziegelartig auf Teller verteilen und die Burrataviertel darauf anrichten. Mit der Tomatenvinaigrette beträufeln und die Basilikumstreifen darüber verteilen. Dazu passt frisches Weißbrot.

Tipp: Burrata ist eine italienische Käsespezialität: Der Mozzarella-ähnliche Käse aus Kuhmilch hat einen Kern aus dickflüssiger Frischkäsecreme.

Rucolasalat mit Tomatenterrine und Pinienkern-Vinaigrette

Zutaten für 4 Personen

Für die Tomatenterrine:
2,3 kg Tomaten (für das Tomatenwasser)
5 EL Weißweinessig
2 EL Gin
Meersalz
1 EL Zucker
8 Tomaten
2 Zweige Rosmarin
2 Zweige Thymian
2,4 g Agar-Agar (aus dem Bioladen)

Für den Rucolasalat:
1 EL Pinienkerne
2 Bund Rucola (ca. 200 g)
4 EL Olivenöl
2 EL alter Aceto balsamico
Meersalz
1 EL getrocknete essbare Blüten
50 g Parmesan (in Spänen, nach
Belieben)

1 Zwei Tage im Voraus Tomaten für das Tomatenwasser waschen und vierteln, dabei die Stielansätze entfernen. Die Tomatenviertel mit dem Essig, dem Gin, 2 EL Meersalz und dem Zucker mischen und im Küchenmixer oder mit dem Stabmixer etwa 10 Sekunden mixen. Ein Sieb mit einem Passiertuch auslegen, über eine Schüssel hängen und die Tomaten hineingeben. Tomaten über Nacht abtropfen lassen (siehe S. 78 und Tipp).

2 Am nächsten Tag Backofen auf 50 °C (Umluft) vorheizen. Übrige Tomaten waschen, vierteln und entkernen. Tomaten auf einem mit Backpapier belegtem Backblech verteilen und mit Meersalz würzen. Rosmarin und Thymian waschen, trocken schütteln, Nadeln bzw. Blätter abzupfen und über die Tomaten geben. Tomaten im Ofen auf der mittleren Schiene etwa 4 Stunden trocknen lassen, dabei die Ofentür einen Spalt offen lassen.

3 Das abgetropfte Tomatenwasser in einen Topf geben und den Agar-Agar einrühren. Aufkochen, vom Herd nehmen und unter Rühren abkühlen lassen, bis es zu gelieren beginnt. Den Boden einer Terrinenform (etwa 450 ml Inhalt) mit den Tomatenvierteln auslegen und mit etwas Tomatengelee beträufeln. So weiterverfahren, bis alle Tomaten aufgebraucht sind. Mit einer Schicht Tomatengelee abschließen. Die Terrine mindestens 7 Stunden, am besten über Nacht, im Kühlschrank durchkühlen lassen.

4 Am Zubereitungstag für den Rucolasalat die Pinienkerne in einer Pfanne ohne Fett goldbraun rösten. Den Rucola verlesen, waschen und trocken schleudern, grobe Stiele entfernen. Olivenöl mit Essig, etwas Meersalz und Pinienkernen mischen.

5 Die Tomatenterrine aus der Form stürzen und in Scheiben schneiden. Den Rucola mit der Pinienkern-Vinaigrette mischen und auf Teller verteilen. Jeweils 2 bis 3 Scheiben Tomatenterrine daneben anrichten und die restliche Vinagrette darum herumträufeln. Die getrockneten Blüten und nach Belieben Parmesan über den Rucolasalat streuen.

Tipp: Die abgetropften Tomaten können Sie wunderbar zu einem aromatischen Sugo einkochen. Dafür 1 Zwiebel und 2 Knoblauchzehen schälen und in Würfel schneiden. In einem Topf in etwas Olivenöl andünsten und die Tomaten dazugeben (gegebenenfalls mit Tomaten aus der Dose auffüllen). Mit Meersalz, Pfeffer und Zucker würzen und etwa 30 Minuten köcheln lassen. In den letzten 5 Minuten noch einige Thymian- und Rosmarinzweige hinzufügen. Tomatensugo durch die Flotte Lotte drehen, nochmals aufkochen und nach Belieben heiß in sterilisierte Einmachgläser füllen.

Safran-Fenchel-Stullen mit Schnittlauchjoghurt

Zutaten für 4 Personen

5 weiße Zwiebeln
100 ml trockener Weißwein
100 ml Martini dry
5 Safranfäden
Meersalz
1 Fenchelknolle (mit Grün)
Zucker
1/2 Bund Schnittlauch
150 g Naturjoghurt
8 kleine Scheiben Roggenbrot
(ca. 400 g)

1   Die Zwiebeln schälen und in feine Ringe schneiden. Den Weißwein und den Martini mit dem Safran in einem Topf aufkochen, die Zwiebeln dazugeben und leicht mit Meersalz würzen. Die Zwiebeln so lange köcheln, bis die Flüssigkeit verdampft ist.

2   Den Fenchel putzen, waschen und den harten Strunk entfernen. Das Fenchelgrün beiseitelegen. Die Fenchelknolle auf dem Gemüsehobel oder mit einem scharfen Messer in feine Streifen hobeln oder schneiden. In eine Schüssel geben und leicht mit Meersalz und Zucker würzen.

3   Den Schnittlauch waschen, trocken schütteln und in feine Röllchen schneiden. Den Joghurt in einer Schüssel mit etwas Meersalz verrühren und die Schnittlauchröllchen untermischen.

4   Die Hälfte der Brotscheiben mit den abgekühlten Zwiebeln und dem Fenchel belegen. Etwas Schnittlauchjoghurt darüberträufeln und die restlichen Brotscheiben jeweils darauflegen. Die Safran-Fenchel-Stullen in Stücke schneiden, mit dem zerzupften Fenchelgrün dekorieren und jedes Stück mit einem Spießchen fixieren.

Frühlingsrolle mit Paprika-Glasnudel-Füllung

Zutaten für 4 Personen

100 g Glasnudeln
160 g rote Paprikaschote
160 g gelbe Paprikaschote
120 g orangefarbene Paprikaschote
240 g Zucchini
100 g Shiitake-Pilze
1/4 rote Chilischote
1 grüne Peperoni
3 EL Öl
1–2 TL geriebener Ingwer
Meersalz
4 Eier
8 Reisblätter (20 cm Durchmesser)
Erdnussöl zum Frittieren
120 g Enoki-Pilze
helle Sojasauce zum Marinieren

1 Die Glasnudeln in warmem Wasser mindestens 10 Minuten einweichen, dann in ein Sieb abgießen und abtropfen lassen. Etwas kürzer schneiden. Die Paprikaschoten entkernen, waschen und in Streifen schneiden. Die Zucchini putzen, waschen, längs halbieren und die Kerne mit einem Teelöffel entfernen. Die Zucchini quer in feine Streifen schneiden. Die Shiitake-Pilze putzen und in Streifen schneiden. Die Chilischote und die Peperoni längs halbieren, entkernen, waschen und in feine Streifen schneiden.

2 Das Öl in einer Pfanne erhitzen und die Pilze darin anbraten. Die Paprika, Zucchini, Chili, Peperoni und Ingwer dazugeben und etwa 1 Minute mitbraten. Das Gemüse mit Meersalz würzen und in eine Schüssel geben. Die Glasnudeln und die Eier untermischen und die Masse abkühlen lassen.

3 Die Reisblätter kurz in kaltem Wasser einweichen und auf ein feuchtes Küchentuch legen. Ein Achtel der Gemüsefüllung auf das untere Drittel eines Reisblatts geben, die seitlichen Enden leicht über die Füllung klappen, dann das Reisblatt von unten über die Füllung schlagen und das Blatt aufrollen. Auf diese Weise 7 weitere Rollen zubereiten.

4 Reichlich Öl in der Fritteuse oder in einem hohen Topf auf etwa 170 °C erhitzen – es ist heiß genug, wenn sich an einem hineingehaltenen Holzlöffelstiel Blasen bilden. Die Frühlingsrollen im heißen Öl goldbraun ausbacken. Mit dem Schaumlöffel herausnehmen und auf Küchenpapier abtropfen lassen.

5 Die Enoki-Pilze putzen und mit etwas heller Sojasauce und Meersalz marinieren. Die Frühlingsrollen auf Tellern oder in Schälchen anrichten und mit den Pilzen garnieren.

Tipp: Der Enoki-Pilz – botanisch auch Gemeiner Samtfußrübling genannt – ist ein Speisepilz, der vor allem im ostasiatischen Raum kultiviert und dort für zahlreiche Gerichte verwendet wird. In Japan ist er der meistangebaute Zuchtpilz nach dem Shiitake-Pilz. Bei uns sind die Pilze im Asialaden oder im Internet erhältlich.

Kohlrabispaghetti mit geschmolzenen Johannisbeertomaten und Kohlrabifritt

Zutaten für 4 Personen

Für die Kohlrabispaghetti:
4 Kohlrabi (mit Grün)
2 Schalotten
50 g Butter
5 EL trockener Weißwein
Meersalz

Für die Johannisbeertomaten:
3 Schalotten
4 EL Olivenöl
300 g Johannisbeertomaten
(siehe Tipp)
Meersalz
100 g Butter
Gemüsebrühe (nach Belieben)

Außerdem:
etwas Öl zum Frittieren

1 Für die Kohlrabispaghetti das Kohlrabigrün abschneiden, die jungen Blätter waschen und beiseitelegen. Die Kohlrabi schälen und mit der Gemüsespaghettimaschine (siehe S. 21) in dünne Streifen schneiden. Die Schalotten schälen und in feine Würfel schneiden.

2 Für die Johannisbeertomaten die Schalotten schälen und in feine Würfel schneiden. Das Olivenöl in einer Pfanne erhitzen und die Schalotten darin glasig dünsten. Die Tomaten waschen, trocken tupfen und dazugeben. Mit Meersalz würzen und zugedeckt bei schwacher Hitze etwa 5 Minuten dünsten.

3 Für die Kohlrabispaghetti die Butter in einer Pfanne erhitzen und die Schalottenwürfel darin glasig dünsten. Die Kohlrabispaghetti dazugeben und kurz mitdünsten. Mit dem Wein ablöschen, mit Meersalz würzen und die Kohlrabispaghetti bei schwacher Hitze etwa 3 Minuten bissfest garen.

4 In einem kleinen Topf das Öl auf 140 °C erhitzen. Die Kohlrabiblätter in Streifen schneiden und im heißen Öl langsam knusprig frittieren. Mit dem Schaumlöffel herausnehmen, auf Küchenpapier abtropfen lassen und mit Meersalz würzen.

5 Für die Johannisbeertomaten die Butter in kleinen Stücken unter die Tomaten rühren, falls nötig, etwas Brühe hinzufügen. Die Kohlrabispaghetti mit den Tomaten und der Sauce mischen, auf Tellern anrichten und mit dem Kohlrabifritt garnieren.

Tipp: Johannisbeertomaten sind eine alte Wildtomatensorte. Die Tomaten sind tatsächlich kaum größer als Johannisbeeren, haben ein wunderbar intensives Aroma und schmecken sehr fruchtig. Wer keine Johannisbeertomaten bekommt, kann ersatzweise kleine Kirsch- oder Datteltomaten nehmen.

Maisküchlein mit grüner mexikanischer Sauce und Ras-el-Hanout-Popcorn

Zutaten für 4 Personen

Für die grüne mexikanische Sauce:

10 Tomatillos (ersatzweise
10 kleine Tomaten)
1 weiße Zwiebel
1 Chilischote
1/4 Knoblauchzehe
2 EL Öl
Meersalz
1/2 Avocado

Für die Maisküchlein:

4 Eier
200 g Maiskörner (aus der Dose)
60 g ungesüßte Cornflakes
Meersalz
ca. 80 g Butter

Für das Ras-el-Hanout-Popcorn:

2 EL Öl
20 g Popcorn-Mais
1 TL Ras-el-Hanout

1 Für die grüne mexikanische Sauce die Tomatillos aus den Hüllblättern lösen, waschen und klein schneiden. Die Zwiebel schälen und in feine Würfel schneiden. Die Chilischote längs halbieren, entkernen, waschen und in feine Würfel schneiden. Den Knoblauch schälen und in feine Würfel schneiden. Das Öl in einer Pfanne erhitzen und die Zwiebel darin glasig dünsten. Den Knoblauch kurz mitdünsten. Die Tomatillos dazugeben und erhitzen. Mit Meersalz würzen.

2 Für die Maisküchlein die Eier in einer Schüssel verquirlen. Die Maiskörner auf einem Sieb abtropfen lassen und die zerbröselten Cornflakes unterrühren. Mit Meersalz würzen.

3 Etwas Butter in einer Pfanne erhitzen, kleine Portionen von der Maismischung hineingeben und zu Küchlein flach drücken. Die Küchlein auf der Unterseite goldbraun braten, wenden und auf der anderen Seite ebenfalls goldbraun braten. Aus der restlichen Maismischung weitere Küchlein braten. Die Küchlein auf Küchenpapier abtropfen lassen und warm halten.

4 Für das Ras-el-Hanout-Popcorn das Öl in einem Topf erhitzen, den Popcorn-Mais dazugeben und den Deckel auflegen. Wenn die Maiskörner aufgeplatzt sind, das Popcorn in eine Schüssel geben und mit dem Ras-el-Hanout mischen.

5 Das Fruchtfleisch der Avocado mit einem Löffel auslösen, mit Meersalz würzen und mit einer Gabel zerdrücken. Das Avocadomus unter die Tomatillomischung rühren. Die Maisküchlein mit der grünen mexikanischen Sauce anrichten und mit Ras-el-Hanout-Popcorn bestreuen.

Tipp: Tomatillos sind grüne bis grün-violette Beeren, die mit den Kapstachelbeeren verwandt sind. Sie sind wie diese von einem lampionartigen Blütenkelch umgeben und haben einen süßsauren Geschmack. Sie sind z.B. über das Internet erhältlich.
Dem Popcorn können Sie immer wieder mal eine neue Geschmacksnote geben. Sehr lecker schmeckt auch eine indische Variante mit Tandoori-Gewürzmischung (Foto siehe S. 219). Für die Zubereitung des Popcorns nehme ich geschmacksneutrales Öl wie Sonnenblumen- oder Maiskeimöl.

Schafskäse-Paprika-Turm mit Guaven-Cashewkern-Dressing

Zutaten für 4 Personen

Für den Schafskäse-Paprika-Turm:

je 4 rote und gelbe Paprikaschoten
Meersalz
1 Knoblauchzehe
je 2 Zweige Rosmarin und Thymian
ca. 8 EL Olivenöl
1 rote Zwiebel
400 g Schafskäse
1/2 Bund Basilikum

Für das Guaven-Cashewkern-Dressing:

1 EL Guavensaft
1 Spritzer Limettensaft
2 EL Balsamico bianco
1 TL Ahornsirup
1 Msp. geriebener Ingwer
1 TL Naturjoghurt
3 EL Sesamöl
Meersalz
2 EL geröstete Cashewkerne

1 Für den Schafskäse-Paprika-Turm den Backofen auf 165 °C (Umluft) vorheizen. Die Paprikaschoten längs halbieren, entkernen, waschen und trocken tupfen. Die Hälften auf der Innenseite mit Meersalz würzen. Den Knoblauch schälen und in feine Scheiben schneiden. Rosmarin und Thymian waschen und trocken tupfen. Die Paprikaschoten mit den Kräutern und dem Knoblauch mit der Schale nach oben auf ein mit Backpapier belegtes Backblech legen. Mit 4 EL Olivenöl bestreichen und im Ofen auf der mittleren Schiene etwa 15 Minuten garen, bis die Haut schwarz wird.

2 Die Zwiebel schälen und in sehr feine Ringe hobeln oder schneiden. Den Schafskäse in möglichst dünne Scheiben schneiden und mit dem restlichen Olivenöl beträufeln.

3 Für das Guaven-Cashewkern-Dressing die Säfte mit Essig, Sirup, Ingwer und Joghurt verrühren. Das Öl unterschlagen, mit Meersalz abschmecken und die Cashewkerne untermischen.

4 Die Paprikahälften aus dem Ofen nehmen, die Ofentemperatur auf 160 °C (Umluft) reduzieren. Paprikahälften mit einem feuchten Tuch bedecken und etwas abkühlen lassen. Dann die Haut mit einem spitzen Messer abziehen. Die Paprikahälften mit dem Schafskäse und den Zwiebelringen auf dem Backblech verteilen und im Ofen etwa 5 Minuten erwärmen.

5 Das Basilikum waschen, trocken schütteln und die Blätter abzupfen. Paprika, Schafskäse, Zwiebelringe und Basilikum auf Tellern zu 4 Türmchen schichten und jeweils mit einem Holzspießchen fixieren. Die Schafskäse-Paprika-Türmchen mit dem Guaven-Cashewkern-Dressing beträufeln.

Gefüllter Artischockenboden mit Polenta und pochiertem Ei

Zutaten für 4 Personen

Für den Artischockenboden:
¹/₄ l trockener Weißwein
2 Zweige Rosmarin
2 Zweige Thymian
1 Knoblauchzehe
2 EL Korianderkörner
Meersalz
4 Artischocken
Zitronensaft

Für die Polenta:
¹/₂ Knoblauchzehe
700 ml Milch
2 Zweige Rosmarin
2 Zweige Thymian
70 g weiße Polenta (weißer Maisgrieß; Speziliät aus Venetien)
2 Tomaten
4 Champignons
¹/₂ schwarze Paprikaschote
1 TL Butter
Meersalz

Für das pochierte Ei:
4 TL heller Essig
Meersalz
4 Eier

1 Für den Artischockenboden den Wein mit ¹/₄ l Wasser, Rosmarin, Thymian, Knoblauch, Korianderkörnern und Meersalz aufkochen. Die Stiele der Artischocken drehend herausbrechen, sodass möglichst viele Fäden aus den Böden mit herausgelöst werden. Die äußeren Blätter der Artischocken herauszupfen, dann an den unteren Enden so knapp wie möglich abschneiden. Jetzt die oberen Enden (etwa ein Drittel) der Artischocken abschneiden. Das »Heu« mit einem Teelöffel oder Kugelausstecher herauslösen. Die Artischockenböden nach Bedarf mit dem Sparschäler etwas in Form bringen. Fertige Böden sofort in Zitronenwasser legen, damit sie sich nicht verfärben. Die Artischockenböden im leicht köchelnden Weinsud je nach Größe 10 bis 15 Minuten weich garen.

2 Inzwischen für die Polenta den Knoblauch andrücken, mit der Milch, dem Rosmarin und dem Thymian einmal aufkochen und bei schwacher Hitze 5 Minuten ziehen lassen. Den Knoblauch und die Kräuter wieder entfernen, die Milch nochmals aufkochen und unter ständigem Rühren die Polenta einrieseln lassen. Bei schwacher Hitze 10 Minuten quellen lassen. Gegebenenfalls noch etwas Gemüsebrühe oder Milch dazugeben.

3 Die Tomaten waschen, vierteln und entkernen, dabei die Stielansätze entfernen. Die Tomatenviertel in Würfel schneiden. Champignons putzen und in Scheiben schneiden. Die Paprika waschen und in Würfel schneiden. Die Butter in einer Pfanne erhitzen und das Gemüse kurz darin andünsten. Mit Meersalz würzen und unter die Polenta mischen.

4 Für das pochierte Ei 300 ml Wasser aufkochen, 1 TL Essig und 1 TL Meersalz dazugeben. Ein Ei in den Schöpflöffel aufschlagen. Mit einem Kochlöffel das Wasser kreisförmig in eine Richtung rühren, bis es sich dreht. Das Ei aus dem Schöpflöffel vorsichtig in das sich drehende Wasser gleiten lassen und 3 Minuten darin garen. Mit den anderen Eiern in separaten Töpfen ebenso verfahren. Eier mit dem Schaumlöffel herausheben.

5 Die Artischockenböden aus dem Sud nehmen und auf Teller legen. Die Polenta in die Artischockenböden füllen und je 1 pochiertes Ei daraufsetzen. Die Eier nach Belieben mit etwas Fleur de Sel bestreuen. Dazu passt ein grüner Salat.

Tipp: Man kann die Eier auch gleichzeitig in einem großen Topf pochieren, dann aber das Wasser nicht zu einem Strudel rühren und die Eier nacheinander vorsichtig hineingleiten lassen. Allerdings werden die Eier so nicht ganz perfekt. Aus den Artischockenblättern lässt sich ein toller Fond zubereiten (siehe Artischockenessenz, S. 82).

Bulgurgemüse in der Zucchini mit Feige, Minze und Tandoori-Joghurt

Zutaten für 4 Personen

Für die gefüllten Zucchini:

2 Schalotten · 4 EL Olivenöl
60 g Bulgur
225 ml Gemüsebrühe
Meersalz
8 Mini-Zucchini · 6 Tomaten
2 Stiele Minze
2 Feigen
40 g geriebener Pecorino

Für den Tandoori-Joghurt:

1 EL Öl
2 TL Tandoori-Gewürzmischung
8 EL Naturjoghurt · Meersalz

1 Für die gefüllten Zucchini den Backofen auf 160 °C (Umluft) vorheizen. Die Schalotten schälen und in feine Würfel schneiden. In einer Pfanne 2 EL Olivenöl erhitzen und die Schalotten darin glasig dünsten. Den Bulgur und die Brühe hinzufügen und mit Meersalz würzen. Bulgur zugedeckt bei schwacher Hitze etwa 12 Minuten garen.

2 Die Zucchini putzen, waschen, längs halbieren und mit einem Teelöffel die Kerne entfernen. Die Zucchini auf ein mit Backpapier belegtes Backblech legen. Mit dem restlichen Olivenöl beträufeln und mit Meersalz bestreuen. Die Zucchini im Ofen auf der mittleren Schiene etwa 5 Minuten garen.

3 Die Tomaten waschen, vierteln und entkernen, dabei die Stielansätze entfernen. Die Tomatenviertel in kleine Würfel schneiden. Die Minze waschen und trocken schütteln, die Blätter abzupfen und in feine Streifen schneiden. Tomaten und Minze mit dem Bulgur mischen.

4 Die Zucchinihälften mit der Bulgurmischung füllen und alles im Ofen weitere 5 Minuten garen. Die Feigen waschen, trocken tupfen und die Stielansätze entfernen. Längs in Scheiben schneiden und auf die Zucchini legen. Die Zucchini mit dem Pecorino bestreuen und 2 Minuten überbacken.

5 Für den Tandoori-Joghurt das Öl in einer kleinen Pfanne erhitzen und die Tandoori-Gewürzmischung darin unter Rühren erhitzen. Abkühlen lassen. Den Joghurt mit dem Tandoori-Gewürz und etwas Meersalz verrühren.

6 Die gefüllten Zucchini nach Belieben mit Minzeblättern dekorieren und mit dem Tandoori-Joghurt servieren.

Brokkoli-Quinoa-Tandoori mit Goma-Wakame-Salat

Zutaten für 4 Personen

Für den Brokkoli-Quinoa-Tandoori:

1 Tasse Quinoa
1 Tasse trockener Weißwein
2 Tassen Gemüsebrühe
Meersalz
200 g Champignons
500 g Brokkoli
1 Bund Frühlingszwiebeln
3 EL Öl
350 ml Kokosmilch
abgeriebene Schale von
1 Bio-Zitrone
ca. 1 EL Tandooripaste

Für den Goma-Wakame-Salat:

100 g Cashewkerne
30 g Zucker
1 Spritzer Zitronensaft
100 g Goma Wakame (aus dem
Asialaden; siehe Tipp)

1 Für den Brokkoli-Quinoa-Tandoori den Quinoa in einem Sieb abbrausen, abtropfen lassen und mit Wein, Brühe und etwas Meersalz in einem Topf zum Kochen bringen. Den Quinoa bei schwacher Hitze etwa 20 Minuten köcheln, bis die Flüssigkeit eingekocht ist.

2 Die Champignons putzen, falls nötig, trocken abreiben und vierteln. Den Brokkoli putzen, waschen und in Röschen teilen. Die Röschen vierteln oder halbieren, sodass sie eine Größe von 2 bis 3 cm Durchmesser haben. Die Frühlingszwiebeln putzen und waschen, den grünen Teil in feine Ringe, den weißen schräg in Scheiben schneiden.

3 Das Öl in einer Pfanne erhitzen und die Pilze mit den Frühlingszwiebeln darin etwa 4 Minuten anbraten. Den Brokkoli 1 Minute mitbraten, die Kokosmilch angießen und aufkochen. Den Quinoa untermischen und mit Meersalz würzen. Zitronenschale und Tandooripaste hinzufügen und alles etwa 2 Minuten köcheln.

4 Für den Goma-Wakame-Salat die Cashewkerne in einer Pfanne ohne Fett goldbraun rösten. Den Zucker darüberstreuen und karamellisieren. Mit Zitronensaft abschmecken. Den Goma-Wakame-Salat in einer Schüssel anrichten und die Cashewkerne darüberstreuen. Den Brokkoli-Quinoa-Tandoori mit dem Salat servieren.

Tipp: Ich gebe dem Brokkoli-Quinoa-Tandoori immer wieder mal eine andere Geschmacksnote, indem ich die Tandooripaste durch Currypulver oder Currypaste ersetze beziehungsweise anstelle von Kokosmilch Sahne oder Crème fraîche verwende. Goma Wakame ist Seealgensalat aus der Seealge Wakame, die neben der Nori-Alge die wichtigste Speisealge Japans ist.

Sellerie-Cavatelli mit Romanesco und getrüffeltem Pecorinoschaum

Zutaten für 4 Personen

Für die Sellerie-Cavatelli:
ca. 2 kg grobes Meersalz
(siehe Tipp)
1 kleine Sellerieknolle (ca. 500 g)
300 g mehligkochende Kartoffeln
400 g doppelgriffiges Mehl
(z.B. Wiener Grießler)
4 EL Instant-Polenta (Maisgrieß)
3 Eier
Meersalz
Mehl für die Arbeitsfläche

Für den Romanesco:
1 kleiner Romanesco
2 Schalotten
30 g Butter
100 ml Gemüsebrühe

Für den Pecorinoschaum:
2 Schalotten
50 g Butter
1 Stange Lauch (nur das Weiße; in Streifen)
1 Fenchelknolle (in Streifen)
100 ml trockener Weißwein
300 ml Milch
Meersalz
50 g geriebener Pecorino
einige Tropfen Trüffelöl (ohne künstliche Aromen)

1 Für die Sellerie-Cavatelli den Backofen auf 180 °C (Umluft) vorheizen. Ein Backblech mit Backpapier belegen und eine dicke Schicht Meersalz daraufstreuen. Den Sellerie unter fließendem Wasser gründlich abbürsten und auf das Salzbett legen. Mit reichlich Meersalz rundum bedecken. Den Sellerie im Ofen auf der mittleren Schiene etwa 2 Stunden weich garen.

2 Die Kartoffeln waschen und nach 40 Minuten Garzeit zum Sellerie auf das Backblech legen. Ebenfalls mit Meersalz bedecken und mitgaren. Dann den Ofen ausschalten und die Backofentür öffnen. Den Sellerie vierteln und mit den Kartoffeln im Ofen bei geöffneter Tür etwa 15 Minuten ausdampfen lassen.

3 Die Kartoffeln pellen und den Sellerie schälen. Kartoffeln und Sellerie durch die Kartoffelpresse in eine Schüssel drücken. Mehl, Polenta, Eier und 1 TL Meersalz dazugeben und alles zu einem glatten Teig verarbeiten. Falls nötig, noch etwas Mehl hinzufügen. Den Teig mit Mehl bestäuben und auf der bemehlten Arbeitsfläche 3 bis 4 mm dick ausrollen. Mit einem Ausstecher Kreise von etwa 4 cm Durchmesser ausstechen. Die Kreise über den Zeigefinger legen und zu Röhrchen zusammendrücken.

4 Für den Romanesco den Romanesco putzen, waschen und in die einzelnen Röschen teilen. Die Schalotten schälen und in feine Würfel schneiden. Die Butter in einer Pfanne erhitzen und die Schalotten darin glasig dünsten. Die Romanescoröschen dazugeben, die Brühe angießen und das Gemüse 1 bis 2 Minuten bissfest dünsten.

5 Für den Pecorinoschaum die Schalotten schälen und in Ringe schneiden. Schalotten in einem Topf in der Butter glasig dünsten. Lauch und Fenchel dazugeben und mitdünsten. Mit dem Wein ablöschen, etwas einköcheln lassen und die Milch angießen. Das Gemüse mit Meersalz würzen und etwa 7 Minuten köcheln lassen. Den Gemüsesud durch ein Sieb in einen Topf gießen, erhitzen und den Pecorino unterrühren. Mit dem Stabmixer aufschäumen und mit dem Trüffelöl aromatisieren. Inzwischen die Sellerie-Cavatelli in reichlich kochendem Salzwasser 1 bis 2 Minuten garen, bis sie nach oben steigen. Mit dem Romanesco anrichten und mit Pecorinoschaum beträufeln.

Tipp: Wenn es ganz schnell gehen soll, spare ich mir das Formen der Cavatelli und gare einfach die ausgestochenen Kreise. Das Meersalz, das man für das Garen der Sellerieknolle benötigt, kann mehrmals verwendet werden.

Tortellini
mit Zucchini und Tomaten

Zutaten für 4 Personen

Für den Nudelteig:
250 g Mehl
4 Eigelb · 1 Ei
1/2 EL Weißweinessig
2 EL Olivenöl
Meersalz
Mehl zum Verarbeiten

Für die Füllung:
15 g getrocknete Tomaten
1 kleine Tomate
45 g Pinienkerne
3 Schalotten
2 EL Olivenöl
3 Zweige Thymian
ca. 20 Basilikumblätter
500 g Ricotta
30 g geriebener Parmesan
abgeriebene Schale von
1/2 Bio-Zitrone
Meersalz

Für das Gemüse:
je 2 kleine grüne und
gelbe Zucchini
8 kleine gelbe Birnentomaten
20 Johannisbeertomaten (siehe
Tipp S. 100)
2 Schalotten · 100 g Butter
Meersalz · 4 EL Pinienkerne
30 g Parmesan (in Spänen)

1 Für den Nudelteig das Mehl in eine Schüssel geben. Die Eigelbe mit dem Ei, dem Essig und 1 EL Olivenöl mischen und mit 1 Prise Meersalz würzen. Die Eiermischung unter das Mehl rühren bzw. kneten. Die Masse sollte eine glatte, aber feste Konsistenz haben. Den Teig zu einer Kugel formen, mit dem restlichen Öl einreiben, in Frischhaltefolie wickeln und im Kühlschrank 2 Stunden ruhen lassen.

2 Für die Füllung die getrockneten Tomaten in feine Würfel schneiden. Die Tomate waschen, vierteln und entkernen. Die Tomatenviertel in feine Würfel schneiden. Die Pinienkerne in einer Pfanne ohne Fett goldbraun rösten. Die Schalotten schälen und in feine Würfel schneiden. Das Olivenöl in der Pfanne erhitzen und die Schalotten darin hellbraun dünsten. Die Kräuter waschen und trocken schütteln. Die Thymianblättchen abzupfen und mit den Basilikumblättern fein hacken. Den Ricotta mit den vorbereiteten Zutaten, Parmesan und Zitronenschale mischen und mit Meersalz würzen.

3 Den Nudelteig auf der bemehlten Arbeitsfläche oder mit der Nudelmaschine 1 bis 2 mm dünn ausrollen. Mit einem runden Ausstecher oder einem Glas Kreise von etwa 4 cm Durchmesser ausstechen. Auf jeden Kreis etwa 1/2 TL Ricottafüllung geben. Die Ränder mit wenig Wasser bestreichen, die Kreise zu Halbmonden zusammenklappen und die Ränder gut andrücken. Die spitzen Enden um die Kuppe des Zeigefingers legen und die Halbmonde zu Ringen zusammenklappen. Die Tortellini auf ein bemehltes Küchentuch legen. In einem großen Topf reichlich Salzwasser aufkochen.

4 Für das Gemüse die Zucchini putzen, waschen und in Scheiben schneiden. Beide Tomatensorten waschen, die Birnentomaten halbieren. Die Schalotten schälen und in feine Würfel schneiden. In einer Pfanne 25 g Butter erhitzen und die Schalotten darin glasig dünsten. Zucchini und Tomaten mitdünsten und mit Meersalz würzen. Das Gemüse bei schwacher Hitze etwa 5 Minuten garen.

5 Die Tortellini in das kochende Salzwasser gleiten lassen, vorsichtig umrühren und 3 bis 4 Minuten garen, bis sie nach oben steigen.

6 Die Pinienkerne in einer Pfanne ohne Fett goldbraun rösten und zum Gemüse geben. Die restliche Butter in Stückchen unterrühren. Die Tortellini mit dem Schaumlöffel herausheben, kurz abtropfen lassen und im Gemüse schwenken. Tortellini mit Gemüse auf Teller verteilen, mit Parmesan und nach Belieben mit essbaren Blüten bestreuen.

Offene Tomaten-Mozzarella-Ravioli

Zutaten für 4 Personen

Für den Nudelteig:
250 g Mehl · 4 Eigelb
1 Ei · ½ EL Weißweinessig
2 EL Olivenöl · Meersalz
Mehl für die Arbeitsfläche

Für die Füllung:
3–4 Ochsenherztomaten
100 ml Olivenöl
Meersalz · Zucker
4 Kugeln Büffelmozzarella (à 125 g)

Außerdem:
4 EL Pinienkerne · 30 g Butter
4 EL Olivenöl
20 g geriebener Parmesan

1 Für den Nudelteig das Mehl in eine Schüssel geben. Die Eigelbe mit dem Ei, dem Essig und 1 EL Olivenöl mischen und mit 1 Prise Meersalz würzen. Die Eiermischung unter das Mehl rühren bzw. kneten. Die Masse sollte eine glatte, aber feste Konsistenz haben. Den Teig zu einer Kugel formen, mit dem restlichen Öl einreiben, in Frischhaltefolie wickeln und im Kühlschrank 2 Stunden ruhen lassen.

2 Den Nudelteig auf der bemehlten Arbeitsfläche oder mit der Nudelmaschine 1 bis 2 mm dünn ausrollen. Mit einem runden Ausstecher oder einem Glas Kreise von etwa 10 cm Durchmesser ausstechen und mit einem Küchentuch bedecken.

3 Für die Füllung den Backofen auf 120 °C (Umluft) vorheizen. Die Tomaten waschen, in etwa 1 cm dicke Scheiben schneiden und dabei die Stielansätze entfernen. Die Tomaten auf ein mit Backpapier belegtes Backblech legen, mit dem Olivenöl beträufeln und mit Meersalz und Zucker bestreuen. Die Tomaten im Ofen auf der mittleren Schiene etwa 10 Minuten erwärmen. Den Mozzarella in Scheiben schneiden, ebenfalls auf ein mit Backpapier belegtes Backblech legen und im Ofen leicht erwärmen. Anschließend mit etwas Meersalz bestreuen.

4 Reichlich Salzwasser zum Kochen bringen. Die Pinienkerne in einer Pfanne ohne Fett goldbraun rösten. Die Butter in einer großen Pfanne zerlassen, Olivenöl, Pinienkerne und Parmesan dazugeben. Die Nudelkreise im Salzwasser etwa 5 Sekunden garen. Mit dem Schaumlöffel herausheben, tropfnass in die Butter-Olivenöl-Mischung geben und darin schwenken. Falls nötig, noch etwas Nudelkochwasser dazugeben.

5 Die Nudelkreise mit Tomaten und Mozzarella auf Tellern zu 4 Türmchen schichten, dabei das Öl und die Pinienkerne mit einschichten. Nach Belieben mit Basilikumpesto (Zubereitung siehe »Kräuterpesto« auf S. 117; nur mit Basilikumblättern) beträufeln.

Aubergine aus dem Ofen
mit Zucchini-Mikado und Brin d'amour

Zutaten für 4 Personen

Für die Auberginen:
2 Auberginen
Meersalz
8 EL Olivenöl
4 Schalotten
3 Knoblauchzehen
je 1 Bund Rosmarin und Thymian

Für die Zucchini-Mikado:
je 2 grüne und gelbe Zucchini
3 EL Olivenöl
Meersalz
1/2 Bund Schnittlauch

Außerdem:
200 g Brin d'amour
(siehe Tipp)

1   Für die Auberginen den Backofen auf 180 °C (Umluft) vorheizen. Die Auberginen putzen, waschen und halbieren. Das Fruchtfleisch kreuzweise einritzen, mit Meersalz bestreuen und mit dem Olivenöl beträufeln. Die Auberginen auf ein mit Backpapier belegtes Backblech legen und im Ofen auf der mittleren Schiene etwa 4 Minuten vorgaren.

2   Inzwischen die Schalotten schälen und in Ringe schneiden. Den Knoblauch schälen und in Scheiben schneiden. Die Kräuter waschen und trocken schütteln. Die Auberginen vom Blech nehmen und die Backofentemperatur auf 160 °C reduzieren. Schalotten, Knoblauch und Kräuterzweige auf dem Blech verteilen. Die Auberginen mit den Schnittflächen nach unten darauflegen und im Ofen auf der mittleren Schiene 30 Minuten weich garen.

3   Für die Zucchini-Mikado die Zucchini putzen, waschen, längs halbieren und mit einem Teelöffel die Kerne entfernen. Die Hälften längs in dünne Streifen schneiden. Das Olivenöl in einer Pfanne erhitzen und die Zucchinistreifen darin anbraten. Mit Meersalz würzen.

4   Den Schnittlauch 1 Sekunde in kochendes Wasser tauchen. Die Zucchinistreifen in 4 Portionen nebeneinanderlegen und jeweils mit ein paar Schnittlauchhalmen zu Päckchen zusammenbinden.

5   Den Käse in Würfel schneiden. Die Auberginen auf Teller geben, die Kräuter entfernen und die Schalotten-Knoblauch-Mischung mit dem Käse auf den Auberginen verteilen. Die Zucchini-Mikado daneben anrichten.

Tipp: Brin d'amour ist ein Schafskäse aus Korsika. Das Markenzeichen des Rohmilchkäses ist sein Kräutermantel aus getrockneten Kräutern wie Rosmarin und Bohnenkraut, der dem Käse sein ganz eigenes Aroma verleiht. Man sollte den Kräutermantel daher nicht entfernen, sondern mitessen!

Pizzaschnitte
mit Gartengemüse und Kräuterpesto

Zutaten für 4 Personen

Für den Teig:
500 g Mehl · Meersalz
1 g frische Hefe
2 EL Olivenöl
Mehl für die Arbeitsfläche

Für das Kräuterpesto:
50 g Pinienkerne
1/4 Knoblauchzehe
feines Meersalz
30 g Basilikumblätter
25 g Petersilienblätter
20 g Estragonblätter
25 g Kerbelblätter
25 g Pimpernelleblätter
200 ml Olivenöl
15 g geriebener Parmesan

Für den Belag:
Saft von 1/2 Zitrone
1 Artischocke
je 4 grüne und gelbe Mini-Zucchini
2 Mini-Auberginen
je 12 Basilikum- und Petersilienblätter
4 Liebstöckelblätter
12 Schnittknoblauchhalme
1 Kugel Büffelmozzarella (125 g)
120 g Schafskäse
ca. 200 ml Tomatensugo
(Rezept siehe S. 47)
120 g geriebener Bergkäse

1 Für den Teig das Mehl mit 2 Prisen Meersalz in einer Schüssel mischen. Die Hefe in 1 EL lauwarmem Wasser auflösen und mit dem Olivenöl und knapp 1/4 l lauwarmem Wasser zum Mehl geben. Alles zu einem Teig verkneten und etwa 10 Minuten weiterkneten, bis er schön glatt ist und nicht mehr an den Händen klebt. Den Teig zugedeckt an einem warmen Ort etwa 2 Stunden gehen lassen.

2 Inzwischen für das Kräuterpesto die Pinienkerne in einer Pfanne ohne Fett goldbraun rösten. Den Knoblauch schälen und in feine Würfel schneiden, mit Meersalz bestreuen und 3 Minuten ziehen lassen. Dann mit einer Messerklinge zerreiben. Die Kräuter waschen und trocken schütteln. Kräuter, Knoblauch und Olivenöl mit dem Stabmixer pürieren, zum Schluss die Pinienkerne und den Parmesan untermixen.

3 Für den Belag in einer Schüssel den Zitronensaft mit Wasser mischen. Den Stiel aus der Artischocke drehend herausbrechen, sodass möglichst viele Fäden aus den Böden mit herausgelöst werden. Die äußeren Blätter der Artischocke herauszupfen, dann an den unteren Enden so knapp wie möglich abschneiden. Jetzt das obere Ende (etwa ein Drittel) der Artischocke abschneiden. Das »Heu« mit einem Teelöffel oder Kugelausstecher herauslösen. Den Artischockenboden sofort in das Zitronenwasser legen.

4 Zucchini und Auberginen putzen und waschen. Die Zucchini in Scheiben, die Auberginen in Würfel schneiden. Die Kräuter waschen und trocken tupfen. Basilikum und Petersilie etwas zerzupfen, Liebstöckel in Streifen und Schnittknoblauch in Ringe schneiden. Den Mozzarella und den Schafskäse in Würfel schneiden.

5 Backofen auf die höchste Temperatur vorheizen. Den Teig vierteln und die Portionen nacheinander auf der bemehlten Arbeitsfläche möglichst dünn ausrollen und auf zwei mit Mehl bestäubte Backbleche legen. Jede Pizza dünn mit 4 EL Tomatensugo bestreichen, dabei einen etwa 3 cm breiten Rand frei lassen. Die Artischocke fein hobeln und mit den Zucchini und Auberginen auf den Pizzen verteilen. Mozzarella, Schafskäse und Bergkäse darüberstreuen. Pizzen nacheinander im Ofen auf der unteren Schiene etwa 4 Minuten goldbraun backen. Mit dem Kräuterpesto beträufeln und mit den Kräutern bestreuen.

Tipp: Die angegebene winzige Hefemenge ist wirklich ausreichend! Der Pizzateig wird garantiert wunderbar luftig und knusprig.

Auberginen-Polenta-Strudel mit Tomaten-Mango-Salat

Zutaten für 4 Personen

Für die Polentafüllung:
1 Knoblauchzehe
1 Zweig Rosmarin
1 Zweig Thymian
300 ml Milch
Meersalz
100 g Instant-Polenta (Maisgrieß)
5 Eigelb
100 g flüssige Butter
50 g Pinienkerne
4 getrocknete Tomaten
50 g Parmesan (am Stück)

Für den Strudel:
1 Aubergine
5 EL Olivenöl
Meersalz
6 Blätter Strudelteig
(ca. 30 x 42 cm; aus dem Kühlregal)
60 g flüssige Butter · 1 Ei

Für den Tomaten-Mango-Salat:
1 Mango
8 Kirschtomaten
16 getrocknete Tomaten
4 Basilikumblätter
4 Frühlingszwiebeln
1 Spritzer Zitronensaft
1 Msp. abgeriebene Bio-Zitronenschale
Meersalz

1 Für die Polentafüllung den Knoblauch ungeschält andrücken. Den Rosmarin und Thymian waschen. Mit der Milch, dem Knoblauch und 1 Prise Meersalz einmal aufkochen und 5 Minuten ziehen lassen. Kräuterzweige und Knoblauch entfernen und die Milch nochmals aufkochen. Die Polenta dazugeben, kurz aufkochen und bei schwacher Hitze 5 Minuten quellen lassen. Die Polenta in die Küchenmaschine oder eine Schüssel geben. Die Eigelbe und die flüssige Butter abwechselnd nach und nach unterrühren.

2 Die Pinienkerne in einer Pfanne ohne Fett rösten. Die getrockneten Tomaten in feine Würfel schneiden. Den Parmesan reiben. Alles unter die Polentamasse rühren und mit Meersalz abschmecken. Die Masse halbieren, jeweils auf einer Lage Frischhaltefolie verteilen und zu einer länglichen Rolle formen, dabei in die Folie einwickeln. Dann die Rollen jeweils in eine Lage Alufolie einrollen und 1 Stunde kühl stellen.

3 Inzwischen für den Strudel den Backofen auf 160 °C (Umluft) vorheizen. Die Aubergine putzen, waschen und in 3 mm dünne Scheiben schneiden. Das Olivenöl in zwei großen Pfannen erhitzen und die Auberginenscheiben darin bei mittlerer Hitze auf beiden Seiten anbraten. Auf Küchenpapier abtropfen lassen und mit Meersalz würzen.

4 Jeweils 3 Blätter Strudelteig aufeinanderlegen, dabei jede Schicht mit Butter bestreichen. Auberginenscheiben mittig auf den obersten Strudelteigschichten verteilen. Die 2 Polentarollen auspacken und jeweils auf die Auberginenschicht legen.

5 Das Ei trennen. Die Teigränder mit dem Eiweiß bestreichen und von der Längsseite her zu Strudeln einrollen, dabei die Querseiten etwas über die Füllung schlagen. Auf ein mit Backpapier belegtes Backblech legen und im Ofen auf der mittleren Schiene etwa 10 Minuten backen. Nach 8 Minuten mit dem verquirlten Eigelb einstreichen.

6 Für den Tomaten-Mango-Salat die Mango schälen, das Fruchtfleisch auf den flachen Seiten vom Stein und in kleine Würfel schneiden. Die Kirschtomaten waschen, vierteln und nach Belieben entkernen. Die getrockneten Tomaten in feine Würfel schneiden, Basilikumblätter waschen und in feine Streifen schneiden. Die Frühlingszwiebeln putzen, waschen und in feine Ringe schneiden. Alle Salatzutaten mit Zitronensaft und -schale mischen und mit 1 Prise Meersalz abschmecken.

7 Die Auberginen-Polenta-Strudel mit einem Sägemesser in Stücke schneiden. Den Tomaten-Mango-Salat auf Teller verteilen und die Strudelstücke darauf anrichten.

Kartoffel-Oliven-»Risotto« mit Rucolasalat

Zutaten für 4 Personen

Für den Kartoffel-Oliven- »Risotto«:
800 g festkochende Kartoffeln
4 Schalotten
ca. 80 g Butter
Meersalz
300 ml trockener Weißwein
1 Knoblauchzehe
je 2 Zweige Rosmarin und Thymian
300 – 500 ml Gemüsebrühe
150 g Parmesan (am Stück)
4 EL Oliven (ohne Stein)
20 Johannisbeertomaten
(siehe Tipp S. 100)

Für den Rucolasalat:
ca. 125 g Rucola
2 EL alter Aceto balsamico
Meersalz
4 EL Olivenöl

1 Für den Kartoffel-Oliven-»Risotto« die Kartoffeln schälen, waschen und in etwa 1/2 cm große Würfel schneiden. Die Schalotten schälen und in feine Würfel schneiden. Die Butter in einem Topf erhitzen und die Schalotten darin glasig dünsten. Die Kartoffel-würfel dazugeben, kurz mitdünsten und mit Meersalz würzen. Mit dem Wein ablöschen und die Flüssigkeit auf die Hälfte einköcheln lassen.

2 Den Knoblauch ungeschält andrücken. Die Kräuter waschen, trocken tupfen und mit dem Knoblauch zu den Kartoffeln geben. Nach und nach die Brühe dazugießen und jeweils einköcheln lassen. Die Kartoffeln zugedeckt etwa 15 Minuten garen, dabei gelegentlich umrühren. Die Kartoffeln sollten noch etwas Biss haben (siehe Tipp).

3 Inzwischen für den Rucolasalat den Rucola verlesen, waschen und trocken schleu-dern, grobe Stiele entfernen. Essig, Meersalz und Olivenöl mit dem Schneebesen zu einer Vinaigrette verrühren.

4 Den Parmesan fein reiben. Die Oliven in Ringe schneiden. Die Tomaten waschen und halbieren. Kräuter und Knoblauch aus dem Kartoffel-»Risotto« entfernen. Parmesan, Oliven und Tomaten zu den Kartoffeln geben, untermischen und mit Salz abschmecken.

5 Den Rucolasalat in einer Schüssel mit der Vinaigrette mischen. Den Kartoffel-Oliven-»Risotto« mit dem Salat auf Tellern anrichten.

Tipp: Die bissfesten Kartoffeln verleihen dem Gericht ein interessantes Mundgefühl, daher sollten Sie die köchelnden Kartoffelwürfel gut im Auge behalten und ab und zu den Garzustand prüfen – sonst sind sie schnell nicht mehr bissfest, sondern breiig.

Gemüserisotto mit Mirabellen und Artischockenchips

Zutaten für 4 Personen

Für den Gemüserisotto:
2 Schalotten
40 g Butter
140 g Risottoreis (superfino)
200 ml trockener Weißwein
Meersalz
500–600 ml Gemüsebrühe
1 Knoblauchzehe
2 Zweige Rosmarin
2 Zweige Thymian
1 Möhre (ca. 100 g)
ca. 100 g Zucchino
2 getrocknete Tomaten
50 g geriebener Parmesan

Für die Mirabellen:
12 Mirabellen
je 1 Zweig Rosmarin und Thymian
100 ml trockener Weißwein
1 EL Waldhonig
Meersalz

Für die Artischockenchips:
1 Artischocke
Öl zum Frittieren

1   Für den Gemüsrisotto die Schalotten schälen und in feine Würfel schneiden. Die Butter in einem Topf erhitzen und die Schalotten darin glasig dünsten. Den Reis hinzufügen und andünsten. Mit dem Wein ablöschen und die Flüssigkeit auf ein Fünftel einkochen lassen. Mit Meersalz würzen.

2   Die Brühe in einem Topf erhitzen. Die Knoblauchzehe ungeschält andrücken. Die Kräuter waschen, trocken tupfen und mit dem Knoblauch zum Reis geben. So viel Brühe angießen, dass der Reis bedeckt ist, und unter häufigem Rühren einköcheln lassen. Den Vorgang wiederholen, bis der Reis nach 25 bis 30 Minuten bissfest ist.

3   Für die Mirabellen die Früchte waschen, halbieren und entsteinen. Die Kräuter waschen und trocken tupfen. Den Wein mit Honig und Kräutern in einen kleinen Topf geben und auf die Hälfte einkochen. Die Mirabellen dazugeben und etwa 2 Minuten mitköcheln. Mit Meersalz abschmecken.

4   Für die Artischockenchips die Artischocke, wie auf S. 107 beschrieben, putzen. Den Artischockenboden mit dem Sparschäler in feine Scheiben hobeln. Etwas Öl in einem kleinen Topf erhitzen und die Artischockenscheiben darin knusprig frittieren. Die Chips mit dem Schaumlöffel herausheben und auf Küchenpapier abtropfen lassen.

5   Die Möhre und den Zucchino putzen, schälen bzw. waschen und in kleine Würfel schneiden. Die getrockneten Tomaten ebenfalls in kleine Würfel schneiden. Alles 5 Minuten vor Ende der Garzeit zum Risotto geben und mitgaren. Die Kräuter und den Knoblauch entfernen. Den Parmesan unter den Risotto rühren. Mit Meersalz abschmecken und den Gemüserisotto mit den Mirabellen auf Tellern anrichten. Mit den Artischockenchips garnieren.

Limettenkuchen mit Portwein-Stachelbeeren

Zutaten für ca. 20 Stücke

Für die Portwein-Stachelbeeren:
50 g Zucker
200 ml weißer Portwein
1 Msp. Speisestärke (1 g)
3 EL trockener Weißwein
1 Vanilleschote
16 Stachelbeeren

Für den Limettenkuchen:
ca. 8 Bio-Limetten
350 g Zucker
300 g flüssige Butter
4 Eier
300 g Mehl
1 Päckchen Backpulver

1 Für die Portwein-Stachelbeeren den Zucker in einem Topf bei mittlerer Hitze gold-gelb karamellisieren. Mit dem Portwein ablöschen und so lange köcheln lassen, bis der Karamell aufgelöst ist. Die Speisestärke mit dem Wein glatt rühren. Die Vanilleschote längs aufschneiden und das Mark mit einem spitzen Messer herauskratzen. Mit der angerührten Stärke zur Karamellmischung geben und etwa 5 Minuten köcheln lassen.

2 Inzwischen die Stachelbeeren putzen, waschen und halbieren. Die Stachelbeeren in die Karamellmischung geben und das Kompott kühl stellen.

3 Für den Limettenkuchen den Backofen auf 170 °C (Umluft) vorheizen. Vier Limetten heiß waschen und trocken reiben, die Schalen abreiben. Alle Limetten halbieren und den Saft auspressen (es muss 200 ml Saft ergeben). Den Zucker mit der Butter und den Eiern verrühren, Limettensaft und -schale untermischen.

4 Das Mehl mit dem Backpulver mischen und zügig unter die Eier-Zucker-Masse rühren. Den Teig auf ein mit Backpapier belegtes Backblech geben, glatt streichen und im Ofen auf der mittleren Schiene 20 bis 25 Minuten goldbraun backen.

5 Den Limettenkuchen aus dem Ofen nehmen, kurz ruhen lassen und noch warm stürzen. Das Backpapier abziehen, den Kuchen in Stücke schneiden und mit den Portwein-Stachelbeeren servieren.

Tipp: Der restliche Kuchen lässt sich wunderbar 1 bis 2 Tage aufbewahren. Ich serviere ihn dann gerne mit Vanilleeis oder Vanillesahne.

Champagnercreme im Glas mit Heidelbeeren

Zutaten für 4 Personen

200 g Heidelbeeren
4 Eier
55 g Zucker
100 ml Champagner
90 ml Marc de Champagne (Trester-
schnaps)
Saft von 1 Zitrone
2 g Agar-Agar

1 Die Heidelbeeren verlesen, waschen und in einem Sieb abtropfen lassen.

2 Die Eier trennen, die Eigelbe und 40 g Zucker in einer Rührschüssel mit den Quirlen des Handrührgeräts schaumig schlagen. Drei Eiweiße mit dem restlichen Zucker in einem Rührbecher zu steifem Schnee schlagen. Übriges Eiweiß anderweitig verwenden.

3 Champagner, Marc de Champagne und Zitronensaft in einem kleinen Topf zum Kochen bringen. Das Agar-Agar einrühren, aufkochen und vom Herd nehmen. Die Mischung im kalten Wasserbad so lange rühren, bis sie zu stocken beginnt.

4 Zuerst die Eigelbcreme unter die Champagnermischung rühren, dann den Eischnee unterheben. Die Champagnercreme in vier Tumbler (Whiskeygläser) verteilen und die Heidelbeeren darüberstreuen.

Tipp: Wie bei allen Desserts mit rohem Ei gilt auch hier: Verwenden Sie unbedingt ganz frische Eier, um die Salmonellengefahr so gering wie möglich zu halten! Anstelle der Heidelbeeren können Sie natürlich auch andere Beeren nehmen. So passen z.B. Himbeeren, Walderdbeeren oder normale Erdbeeren (in Viertel geschnitten) auch sehr gut zu der Champagnercreme. Agar-Agar ist ein vegetarisches Geliermittel und in Bioläden oder gut sortierten Supermärkten erhältlich.

Melonen-Blätterteig-Turm mit Schokoladenmousse und Minzöl

Zutaten für 4 Personen

Für die Schokoladenmousse:
200 g Vollmilchschokolade oder
-kuvertüre
2 Eier
1 Eigelb
1 EL Rum
225 g Sahne

Für das Minzöl:
1/2 Bund Minze
5 EL Olivenöl

Für den Blätterteig:
4 Scheiben Blätterteig (tiefgekühlt;
oder 1 Platte Blätterteig,
ca. 25 x 42 cm, aus dem Kühlregal)
1/2 Cavaillon-Melone (Charentais-
Melone)
1/2 Galia-Melone
Puderzucker zum Bestäuben

1 Für die Schokoladenmousse die Kuvertüre grob hacken, in eine Metallschüssel geben und im heißen Wasserbad unter Rühren langsam schmelzen lassen.

2 Die Eier und das Eigelb mit dem Rum in einem weiteren heißen Wasserbad hellschaumig aufschlagen und unter die Kuvertüre rühren. Abkühlen lassen. Zum Schluss die Sahne steif schlagen und unter die Schokocreme heben. Die Schokoladenmousse in einen Spritzbeutel füllen und mindestens 2 Stunden kühl stellen.

3 Für das Minzöl die Minze waschen und trocken schütteln. Die Blätter abzupfen, mit dem Olivenöl in einen hohen Rührbecher geben und mit dem Stabmixer pürieren.

4 Für den Blätterteig den Ofen auf 180 °C (Umluft) vorheizen. Die aufgetauten Blätterteigscheiben in jeweils 3 etwa 10 x 5 cm große Rechtecke schneiden und auf ein mit Backpapier belegtes Backblech legen. Die Blätterteigstücke im Ofen auf der mittleren Schiene etwa 8 Minuten goldbraun backen.

5 Inzwischen die Melonen entkernen und mit einem Kugelausstecher Kugeln ausstechen. Ein Blätterteigstück auf einen Teller legen, abwechselnd 4 Cavaillon-Melonenkugeln und 4 Galia-Melonenkugeln daraufsetzen und Schokoladenmousse-Tupfen dazwischenspritzen. Mit 1 Blätterteigstück belegen und wieder Melonenkugeln und Schokoladenmousse darauf anrichten. Mit einem dritten Blätterteigstück abschließen. Auf diese Weise 3 weitere Blätterteigtürme bauen.

6 Die Blätterteigtürme mit Puderzucker bestäuben, etwas Minzöl darum herumträufeln und nach Belieben mit Minzeblättern, Melonenkugeln und Schokoladenspänen garnieren.

Erdbeersorbet mit roter Beerensauce

Zutaten für 4 Personen

Für das Erdbeersorbet:
80 g Zucker
450 g Erdbeeren
Saft und abgeriebene Schale
von 1 Bio-Zitrone
1 EL Erdbeergeist

Für die Beerensauce:
ca. 200 g gemischte Beeren
(z.B Erdbeeren, Himbeeren,
Jostabeeren und
Rote Johannisbeeren)
ca. 75 g Zucker
2 EL Himbeergeist

1 Für das Erdbeersorbet 80 ml Wasser mit dem Zucker in einem kleinen Topf aufkochen. Das Zuckerwasser vom Herd nehmen und kühl stellen. Die Erdbeeren waschen, putzen und klein schneiden. Mit dem Erdbeergeist in einen hohen Rührbecher geben und mit dem Stabmixer fein pürieren.

2 Erdbeermark, Zitronensaft und -schale unter das Zuckerwasser rühren. Die Mischung in der Eismaschine gefrieren lassen (alternativ siehe Tipp S. 185).

3 Für die Beerensauce die Beeren waschen, putzen bzw. verlesen und trocken tupfen. Die Erdbeeren halbieren oder vierteln. Alle Beeren in einer Schüssel mit Zucker und Himbeergeist mischen und etwa 20 Minuten ziehen lassen.

4 Die Hälfte der Beeren herausnehmen und beiseitestellen. Die restlichen Beeren mit dem Stabmixer pürieren und die Sauce mit Zucker abschmecken. Die beiseitegelegten Beeren wieder untermischen.

5 Die Beerensauce auf Dessertteller verteilen. Vom Erdbeersorbet mit einem in heißes Wasser getauchten Löffel Nocken abstechen und auf der Beerensauce anrichten.

Tipp: Raffiniertes »Zuckerl«: 4 Nougatpralinenkugeln (oder andere Pralinenkugeln) im Tiefkühlfach etwa 30 Minuten anfrieren lassen. Dann die Pralinen zuerst in Mehl, dann in verquirltem Ei und anschließend in 4 EL Schwarzbrotbröseln wenden. Die Pralinen in heißem Öl etwa 30 Sekunden frittieren – das Öl ist heiß genug, wenn sich an einem hineingehaltenen Holzlöffelstiel Blasen bilden. Mit dem Schaumlöffel herausheben, auf Küchenpapier abtropfen lassen und mit dem Dessert anrichten.

Herbst

Herbst

Auch die schönste Zeit muss irgendwann vorbei sein. Deswegen bin ich nicht traurig, wenn der Herbst anbricht, sondern freue mich darauf, dass man jetzt ganz andere Gerichte kreieren kann als im Sommer. Je ungemütlicher es draußen wird, umso gemütlicher muss man es sich drinnen machen – also opulent kochen und königlich schmausen.

Und mit den Gemüsen ist es im Herbst genauso wie mit allen anderen Dingen im Leben: Solange es sie im Überfluss gibt, weiß man gar nicht, was man an ihnen hat. Wenn sie aber knapp zu werden beginnen, schätzt man sie umso mehr. Daher ist im Spätsommer und Herbst auch die Devise: Einkochen, einlegen, einfrieren! All die köstlichen Geschenke des Sommers haltbar machen für den langen Winter.

Das gilt besonders für mein Lieblingsgemüse Tomaten, denn auf die will ich auch in der kalten Jahreszeit nicht verzichten. Zu Sugo gekocht und in Gläsern eingemacht, halten sie sich mehrere Monate, und wenn sich genug Tomatengläser in den Regalen stapeln, dann am besten noch mehr Tomaten mit etwas Meersalz und Kräutern im Ofen trocknen. Und daneben Beeren zu Marmeladen kochen, Gurken sauer einlegen, aus Holunderblüten Sirup herstellen.

Natürlich hat der Herbst auch einiges an Gemüse zu bieten, wie Kürbis und allerlei Wurzelgemüse. Und auch Kräuter wie Rosmarin und Thymian gibt es noch. Als Lehrling war ich dafür berühmt, dass ich die Thymianblätter immer mühsam vom Stiel abgezupft, anstatt sie mitsamt den Zweigen gehackt habe, wie es vielleicht mal ein bequemer Kochkollege getan hat. Eine solche Arbeit ist keine Zeitverschwendung, Thymian ohne Stiele schmeckt viel intensiver, viel feiner – und so lernen wir: Alle Mühe lohnt sich vielleicht nicht immer im Leben, aber ganz bestimmt in der Küche, und erst recht in der Herbstküche.

Denn da hat man es mit einer Menge grober Burschen zu tun, die viel Zärtlichkeit verlangen, um aus ihnen etwas Feines zu zaubern – Kürbis und Schwarzwurzeln zum Beispiel oder Pastinaken und Petersilienwurzeln. Wie das jedem Hobbykoch gelingt, zeigen meine Rezepte auf den nächsten Seiten.

Kürbisse

Mit Kürbissen kann man viele tolle Dinge machen: zu Suppe kochen, im Ofen garen, einlegen oder Grimassen hineinschnitzen. Entscheidend ist nur, dass man die richtige Sorte für den richtigen Zweck nimmt. Ich halte mich am liebsten an die gängigen Sorten Hokkaido-, Butternuss- und Muskatkürbis: Hokkaido für die Suppe, Butternuss für den Ofen und Muskat für das Einmachglas. Ach ja, und für die Grimasse besorgt man sich am besten einen gruselig wirkenden Halloweenkürbis der Sorte »Ghost Rider«, »Jack-O'-Lantern« oder »Aspen«.

Und so schmeckt's mir am besten

Beim Einmachen, Einkochen oder Einfrieren geht es in erster Linie darum, Lebensmittel haltbar zu machen. Der Geschmack kommt dann an zweiter Stelle. Manchmal müssen hier einfach zugunsten der längeren Haltbarkeit Einbußen hingenommen werden. Beim Kürbis ist das anders. In Würfel geschnitten und süßsauer eingelegt (Rezept siehe S. 154), hält er sich nicht nur mehrere Monate. So zubereitet, wird Kürbis zu einer wahren Geschmacksexplosion. Die Konservierung ist da nur ein positiver Nebeneffekt.

Die Qual der Wahl: Bei Kürbissen gibt es große Unterschiede — und mit groß meine ich groß. Es gibt Riesenkürbisse, die bis zu 100 Kilo schwer werden können, während die kreiselförmigen Mini-Patissons gerade mal den Handteller füllen. Letztere gehören (wie Zucchini) zu den Gartenkürbissen, bei denen man die Schale meist mitessen kann. Riesenkürbisse müssen geschält werden, mit wenigen Ausnahmen wie dem Hokkaido. Butternuss- und Muskatkürbis gehören zu den aromatischen Moschuskürbissen, auch hier muss die Schale entfernt werden.

So bleibt's länger frisch: Kürbisse, die im Sommer geerntet werden (meist Gartenkürbisse), sollte man im Gemüsefach des Kühlschranks aufbewahren und innerhalb von ein bis zwei Wochen verbrauchen. Winterkürbisse (Riesen- und Moschuskürbisse) sind im Ganzen lange lagerfähig. An einem kühlen, trockenen und dunklen Ort halten sie sich oft mehrere Monate.

Und auch das noch: Es gibt zwei ausgezeichnete Produkte, die aus Kürbissen gewonnen werden – nämlich Kürbiskerne und Kürbiskernöl, wie das steirische Kürbiskernöl, das aus den Kernen des Ölkürbisses hergestellt wird. Es hat einen sagenhaften Eigengeschmack und ist der ideale Begleiter zur Kürbissuppe.

Pastinaken

Pastinake – bei dem Wort setzen viele einen fragenden Blick auf. Dabei war die helle Wurzel früher so bekannt wie die Kartoffel. Das heißt, eigentlich kannte und schätzte man Pastinaken schon lange, bevor man von Kartoffeln überhaupt je etwas gehört hatte. Denn die kam erst im 16. Jahrhundert aus Amerika nach Europa – und hatte es schwer bei der Pastinaken liebenden Bevölkerung. Heute ist es genau umgekehrt. Die Kartoffel hat sich zum Grundnahrungsmittel aufgeschwungen – und die Pastinake braucht erst wieder etwas Starthilfe.

Die inneren Werte: Pastinaken enthalten viele Kohlenhydrate (vor allem Stärke), etwas Eiweiß sowie B-Vitamine, Vitamin C und Kalzium. Für den würzigen Geschmack sind ätherische Öle verantwortlich, weshalb den Wurzeln auch eine leicht antibakterielle Wirkung zugeschrieben wird. Der niedrige Nitratgehalt macht sie außerdem zur idealen Babynahrung. Und wenn etwas gut für Babys ist, ist das immer das beste Zeichen!

Jetzt zugreifen: Pastinaken sind keine kälteempfindlichen Mimosen, im Gegenteil. Erst bei Minusgraden entfalten sie ihr volles Aroma. Man bekommt Pastinaken schon ab September, die Hauptsaison beginnt aber erst im November.

Beim Einkauf beachten: Wie bei den meisten Gemüsesorten gilt auch hier: Je kleiner, desto besser! Kleine Pastinaken sind besonders zart und aromatisch. Große Exemplare können schon etwas holzig und faserig sein. Außerdem sollten Sie beim Kauf zu festen und nicht biegsamen Wurzeln greifen.

Gut zu wissen: Pastinaken eignen sich hervorragend für Suppen und Pürees. Aber man darf die gegarten Wurzeln nicht zu lange mixen, da sie sonst pampig werden können.

Und so schmeckt's mir am besten

Hätten Sie's gewusst? Pastinaken eignen sich nicht nur als Suppengemüse, sondern sind auch super in der Rohkostküche als aromatische Abwechslung zu Möhren, Gurken und Co. einsetzbar. Probieren Sie einmal den folgenden Brotbelag: 1 Pastinake putzen, schälen und in feine Raspel reiben. Auf 1 Scheibe dunklem Brot verteilen, mit etwas gutem Olivenöl beträufeln und mit grobem Pfeffer und Fleur de Sel würzen. Eine geniale Alternative zum langweiligen Wurst- oder Käsebrot. Geht schnell, schmeckt gut, ist gesund.

Schwarzwurzeln

Schwarzwurzeln sind wahrscheinlich das am meisten unterschätzte Gemüse der Welt. Wer sie überhaupt noch kennt, verbindet die Stangen meist mit antiquiertem Oma-Essen oder gar kulinarischen Kindheitstraumata. Dabei nennt man Schwarzwurzeln völlig zu Recht »Spargel des Winters«. Denn es handelt sich um ein edles Gemüse, richtig zubereitet, fein in Geschmack und Konsistenz. Vielleicht liegt es an dem rauen Äußeren und den etwas widrigen Umständen beim Schälen, dass Schwarzwurzeln nicht die Wertschätzung erfahren, die sie verdienen.

Und so schmeckt's mir am besten

Es ist zwar etwas aufwendiger, und nicht jeder hat ein Vakuumiergerät zu Hause, aber diese Zubereitungsmethode für Schwarzwurzeln ist einfach unschlagbar: Die Wurzeln zunächst unter fließendem kaltem Wasser gründlich schälen (siehe oben) und dann mit 1 guten Schuss Maracujasaft in einem Plastikbeutel vakuumieren. Anschließend Wasser in einem Topf auf 80 °C erhitzen und die Schwarzwurzeln im Beutel darin etwa 45 Minuten garen. Das Ergebnis ist sensationell und fast die Anschaffung eines Vakuumierers wert!

Der richtige Umgang: Es stimmt schon, das Schälen ist keine spaßige Angelegenheit. Denn der in Schwarzwurzeln enthaltene Milchsaft klebt wahnsinnig und färbt auch noch die Haut an den Händen und die Schwarzwurzeln selbst dunkel. Drei Dinge schaffen Abhilfe: Handschuhe, Wasser und Zitronensaft. Am besten schält man Schwarzwurzeln (mit Handschuhen) unter fließendem kaltem Wasser und legt sie danach gleich in eine Mischung aus Milch, Wasser und Zitronensaft.

Die inneren Werte: Neben dem etwas nervigen Milchsaft steckt in Schwarzwurzeln auch viel Gutes. Generell haben sie einen hohen Nährstoffgehalt und viele Ballaststoffe. Besonders erwähnenswert ist der Gehalt an Inulin, einem Zucker, der von Diabetikern gut vertragen wird.

Für Küchenkünstler mit viel Zeit: Frittierte Schwarzwurzelspiralen machen als Deko echt was her. Dafür 1 geschälte Schwarzwurzel mit dem Sparschäler längs in dünne Streifen schneiden. 1 Streifen spiralförmig um einen Holzlöffelstiel wickeln und in heißem Öl etwa 2 Minuten frittieren. Herausnehmen, vorsichtig vom Löffelstiel lösen, auf Küchenpapier abtropfen lassen und mit Salz würzen.

Petersilienwurzeln

Petersilienwurzeln sind so aromatisch, dass man sie schon mehr als Gewürz denn als Gemüse ansehen könnte. Deswegen sind sie auch oft Bestandteil von Suppengemüse und verleihen Brühen die richtige Würze. Aber sie können viel mehr als das – und man wird ihrer nie überdrüssig. Übrigens sind Petersilienwurzeln tatsächlich die Wurzeln der Petersilie. Nur gibt es eine Unterart der Petersilie, die schöne dicke Wurzeln ausbildet (Wurzelpetersilie), und eine, die mehr Wert auf feine, zarte Blätter legt (Blattpetersilie).

Nahe Verwandte: Die enge Verbindung mit der Pastinake ist offensichtlich, schließlich kann man die beiden Wurzeln kaum auseinanderhalten. Ein paar Unterschiede gibt es aber doch. Zum Beispiel wölbt sich bei der Petersilienwurzel der Stielansatz nach oben, bei der Pastinake zieht sich ein tiefer Rand um diesen Bereich. Petersilienwurzeln sind im Schnitt außerdem etwas kleiner und dünner als Pastinaken.

Jetzt zugreifen: Petersilienwurzeln werden ab September geerntet, dann gibt es sie auf den Märkten frisch zu kaufen. Mittlerweile bekommt man sie auch oft im Supermarkt. Sie sind den ganzen Winter über bis in den Februar hinein erhältlich.

So bleibt's länger frisch: Die Wurzeln in ein leicht feuchtes Küchentuch einwickeln und im Gemüsefach des Kühlschranks aufbewahren. So halten sie sich ein bis zwei Wochen.

Für praktisch veranlagte Köche mit wenig Zeit: Petersilienwurzeln sind so süßlich, dass sie – ähnlich wie Obst – gut mit Käse harmonieren. Zusammen mit etwas Honig, Sichuanpfeffer, Zitronensaft und Salz im Ofen geschmort, schmecken sie wunderbar zu einem kräftigen Käse, etwa einem Munster.

Und so schmeckt's mir am besten

Die Petersilienwurzel bringt von Natur aus so viel Geschmack mit, dass man mit ihr gar nicht mehr viel machen muss. Ich gare die geschälten Wurzeln immer nur mit ein bisschen Walnussöl in Alufolie gewickelt im Ofen bei 160 °C etwa 25 Minuten. Anschließend zerdrücke ich das weiche Gemüse mit einer Gabel, mische es mit ein paar Tropfen Petersilienöl (ersatzweise geht auch Olivenöl) und verteile die Paste auf kross gebackenen Weißbrotscheiben. Neben solchen aromatischen Petersilienwurzel-Crostini kann die schnöde Bruschetta einpacken.

Butternusskürbissuppe mit Wasabicreme und Birne

Zutaten für 4 Personen

Für die Butternusskürbissuppe:
1 kleiner Butternusskürbis
4 EL Olivenöl · Meersalz
2 – 3 Schalotten · 25 g Butter
1 TL mildes Currypulver · ca. 100 ml
trockener Weißwein · ca. 150 g Sahne
ca. 100 ml Milch · 2 Schuss Birnensaft

Für die Wasabicreme:
4 EL Crème fraîche
1 Spritzer Zitronensaft · 1 TL Honig
1 Msp. Wasabi · Meersalz

Für die Birne:
2 Birnen · 1 Schalotte
20 g Butter · Meersalz

1 Für die Butternusskürbissuppe den Backofen auf 180 °C (Umluft) vorheizen. Den Kürbis waschen, halbieren und die Kerne mit einem Esslöffel entfernen. Die Hälften mit den Schnittflächen nach oben auf ein mit Backpapier belegtes Backblech legen. Mit Olivenöl beträufeln und mit Meersalz bestreuen. Den Kürbis im Ofen auf der mittleren Schiene etwa 1 Stunde weich garen.

2 Inzwischen für die Wasabicreme die Crème fraîche mit Zitronensaft, Honig und Wasabi verrühren und mit Meersalz abschmecken.

3 Für die Birne die Birnen vierteln, schälen und die Kerngehäuse entfernen. Die Birnenviertel in etwa 3 cm lange Stifte schneiden. Die Schalotte schälen und in feine Würfel schneiden. Die Butter in einer kleinen Pfanne erhitzen und die Schalotte darin glasig dünsten. Die Birnenstifte dazugeben und 1 Minute mitdünsten. Mit etwas Meersalz würzen.

4 Die Kürbishälften aus dem Ofen nehmen und das Kürbisfruchtfleisch mit einem Löffel aus der Schale lösen. Die Schalotten schälen und in feine Ringe schneiden. Die Butter in einem Topf erhitzen und die Schalotten darin glasig dünsten. Das Currypulver dazugeben und 2 Minuten mitdünsten. Den Kürbis hinzufügen, ebenfalls ein paar Minuten mitdünsten und mit Wein ablöschen. Mit Meersalz würzen und den Kürbis zugedeckt bei schwacher Hitze etwa 3 Minuten garen.

5 Die Sahne und die Milch angießen und aufkochen. Den Kürbis samt Sud mit dem Stabmixer oder im Küchenmixer pürieren. Die Suppe durch ein feines Sieb streichen, den Birnensaft untermischen und mit Meersalz abschmecken.

6 Die Butternusskürbissuppe in Schälchen verteilen und jeweils 1 TL Wasabicreme auf der Oberfläche verrühren. Die restliche Wasabicreme mit den Birnenstiften dazu servieren.

Tipp: Ich serviere die Birnenstifte und Wasabicreme gerne auf einem Stück gebackenem Mürbe- oder Blätterteig. Sie können aber beides genauso gut auf 1 Scheibe Brot anrichten.

Pastinaken-Senfsaat-Suppe mit Frischkäsebuchteln

Zutaten für 4 Personen

Für die Buchteln:
135 g Mehl
Meersalz
1 TL Zucker (7 g)
45 g Butter
60 ml Milch
1/2 Würfel (21 g) frische Hefe
1 Eigelb

Für die Pastinaken-Senfsaat-Suppe:
200 g Pastinaken
2 Schalotten
1 EL Butter
1 EL Senfsamen
80 ml trockener Weißwein
Meersalz
250 g Sahne
100 ml Milch
1 TL scharfer Senf

Für den Frischkäse:
je 1/2 Bund Basilikum, Petersilie
und Schnittlauch
200 g Frischkäse
Meersalz
Pfeffer aus der Mühle

1 Für die Buchteln Mehl mit 2 Msp. Meersalz und dem Zucker in einer Schüssel mischen. In die Mitte eine Mulde drücken. Die Butter in einem kleinen Topf bei schwacher Hitze schmelzen. Die Milch in einem Topf lauwarm erwärmen (maximal 40 °C), vom Herd nehmen und die Hefe darin auflösen. Die flüssige lauwarme (nicht heiße!) Butter hinzufügen und unterrühren. Die Hefemischung mit dem Eigelb unter ständigem Rühren in die Mehlmulde geben und alles zu einem glatten Teig verkneten. Den Teig zugedeckt an einem warmen Ort etwa 2 Stunden gehen lassen.

2 Den Backofen auf 225 °C (Umluft) vorheizen. Den Teig zu einer Rolle formen, diese in gleich große Stücke schneiden und daraus Kugeln von etwa 5 cm Durchmesser formen. Die Kugeln mit etwas Abstand auf ein mit Backpapier belegtes Backblech setzen und im Ofen auf der mittleren Schiene etwa 20 Minuten goldbraun backen.

3 Inzwischen für die Pastinaken-Senfsaat-Suppe die Pastinaken putzen, schälen und klein schneiden. Die Schalotten schälen und in feine Ringe schneiden. Die Butter in einem Topf erhitzen und die Schalotten darin glasig dünsten. Die Pastinaken mit den Senfsamen dazugeben und ebenfalls farblos andünsten. Mit dem Wein ablöschen und mit Meersalz würzen.

4 Die Pastinaken zugedeckt bei schwacher Hitze etwa 15 Minuten weich garen. Die Sahne und die Milch hinzufügen und aufkochen. Die Pastinaken samt Sud mit dem Stabmixer oder im Küchenmixer fein pürieren. Falls nötig, noch etwas Milch dazugeben. Die Suppe durch ein feines Sieb streichen, den Senf untermischen und mit Meersalz abschmecken.

5 Für den Frischkäse Basilikum und Petersilie waschen und trocken schütteln, die Blätter abzupfen und fein hacken. Den Schnittlauch waschen, trocken schütteln und in Röllchen schneiden. Den Frischkäse mit Meersalz und Pfeffer würzen und mit den Kräutern verrühren.

6 Die Pastinaken-Senfsaat-Suppe in tiefe Teller verteilen. Die Buchteln quer aufschneiden, mit dem Frischkäse bestreichen und zur Suppe servieren.

Champignons à la grecque im Safran-Wurzelsud mit Aioli-Bauernbrot

Zutaten für 4 Personen

Für den Wurzelsud:
3 Möhren
3 Petersilienwurzeln
1/2 Knollensellerie
5 Topinambur
2 Gelbe Beten
40 g Ingwer
Meersalz

Für die Champignons:
500 g kleine Champignons
5 Schalotten
1 Fenchelknolle
5 EL Olivenöl
1/4 l trockener Weißwein
100 ml Wermut (z.B. Noilly Prat)
2 EL Korianderkörner
10 Safranfäden
Meersalz

Für das Aioli-Bauernbrot:
1 Knoblauchzehe
50 g Weißbrot (ohne Rinde)
4 EL Mayonnaise
Meersalz
4 Scheiben Bauernbrot

1 Für den Wurzelsud die Gemüse putzen, schälen und in kleine Würfel schneiden. Den Ingwer schälen und in feine Würfel schneiden. Gemüse und Ingwer in einem Topf mit Wasser bedecken. Mit Meersalz würzen und das Gemüse etwa 15 Minuten weich garen. Dann den Wurzelsud durch ein Sieb gießen und auffangen. Das Wurzelgemüse anderweitig verwenden (siehe Tipp).

2 Für die Champignons die Pilze putzen und trocken abreiben. Die Schalotten schälen und in feine Streifen schneiden. Den Fenchel putzen, waschen und halbieren, den harten Strunk entfernen. Die Hälften in feine Würfel schneiden.

3 Das Olivenöl in einer Pfanne erhitzen und die Schalotten darin glasig dünsten. Den Fenchel dazugeben und mitdünsten. Mit Wein und Wermut ablöschen und die Flüssigkeit aufkochen. Korianderkörner, Safran und 1/4 l Wurzelsud dazugeben und mit Meersalz würzen. Die Pilze hinzufügen und alles etwa 4 Minuten köcheln lassen.

4 Für das Aioli-Bauernbrot den Knoblauch schälen und grob zerschneiden. Das Weißbrot zerpflücken, mit Mayonnaise und Knoblauch in einen hohen Rührbecher geben und mit dem Stabmixer fein pürieren. Die Aioli mit Meersalz würzen. Die Bauernbrotscheiben in einer Pfanne ohne Fett auf beiden Seiten knusprig rösten und mit der Aioli bestreichen.

5 Die Champignons à la grecque mit dem Safran-Wurzelsud in 4 Gläser (z.B. kleine Einmachgläser) füllen und mit den Aioli-Bauernbroten servieren.

Tipp: Die Champignons kann man sowohl warm als auch kalt servieren. Ich mixe unter die Aioli gerne Weißbrot – so bekommt sie eine schöne Bindung.
Das übrig gebliebene Gemüse ist viel zu schade, um es wegzuwerfen. Es eignet sich, mit etwas Frischkäse oder Pesto gemischt, prima als Füllung für Tortellini oder Ravioli. Oder – ganz einfach – püriert als Aufstrich für eine Brotstulle.

Kartoffel-Buttermilch-Suppe mit frittiertem Eigelb auf Asia-Spinat

Zutaten für 4 Personen

Für die Kartoffel-Buttermilch-Suppe:
1–2 Schalotten
250 g mehligkochende Kartoffeln
ca. 50 g Butter
Meersalz
120 ml trockener Weißwein
ca. 200 ml Gemüsebrühe
ca. 150 g Buttermilch

Für das frittierte Eigelb:
4 Eigelb
Öl für die Form
¼ l Öl zum Frittieren
50 g Mehl
100 g Weißbrotbrösel
1 Ei
Meersalz

Für den Asia-Spinat:
2 Schalotten
150 g Blattspinat
1 EL Öl
6 Cashewkerne
1 TL Sojasauce
1 EL helle Sesamsamen

1 Für die Kartoffel-Buttermilch-Suppe die Schalotten schälen und in Streifen schneiden. Die Kartoffeln schälen, waschen und in Stücke schneiden. Die Butter in einem Topf erhitzen und die Schalotten darin glasig dünsten. Die Kartoffeln dazugeben, kurz mitdünsten und mit Meersalz würzen. Mit dem Wein ablöschen und auf die Hälfte einkochen lassen. Die Brühe dazugießen und die Kartoffeln etwa 25 Minuten gar köcheln lassen.

2 Inzwischen für das frittierte Eigelb die Eigelbe in eine geölte gefrierfeste Form geben und im Tiefkühlfach etwa 20 Minuten anfrieren.

3 Die Suppe im Küchenmixer oder mit dem Stabmixer fein pürieren und nach Belieben noch durch ein feines Sieb streichen. Nochmals aufkochen und so viel Buttermilch unterrühren, dass die Suppe eine schöne Konsistenz bekommt. Nicht mehr kochen lassen – sonst gerinnt die Buttermilch!

4 Das Öl zum Frittieren in der Fritteuse oder in einem hohen Topf auf 180 °C erhitzen – es ist heiß genug, wenn sich an einem hineingehaltenen Holzlöffelstiel Blasen bilden. Das Mehl und die Brotbrösel jeweils in einen tiefen Teller geben. Das Ei in einem tiefen Teller verquirlen. Die angefrorenen Eigelbe vorsichtig im Mehl wenden, dann durch das verquirlte Ei ziehen und zuletzt mit den Weißbrotbröseln panieren. Die Eigelbe im heißen Öl etwa 1 Minute frittieren. Mit dem Schaumlöffel herausheben, auf Küchenpapier abtropfen lassen und mit Meersalz würzen.

5 Für den Asia-Spinat die Schalotten schälen und in feine Würfel schneiden. Den Spinat verlesen, waschen und trocken schütteln, grobe Stiele entfernen. Das Öl in einer Pfanne erhitzen und die Schalotten darin glasig dünsten. Die Cashewkerne dazugeben und kurz mitrösten. Den Spinat hinzufügen und zusammenfallen lassen. Mit der Sojasauce abschmecken und die Sesamsamen darüberstreuen.

6 Die Kartoffel-Buttermilch-Suppe in vorgewärmte tiefe Teller verteilen, den Asia-Spinat darin anrichten und je 1 frittiertes Eigelb daraufsetzen. Alternativ Spinat und Ei separat dazu anrichten.

Bittersalate mit Granatapfeldressing und gebackenen Schwarzwurzeln

Zutaten für 4 Personen

Für die Bittersalate:
1 Radicchio
1 roter oder gelber Chicorée
1 Bund Rucola
1 Bund Löwenzahn

Für das Granatapfeldressing:
4 EL Granatapfelkerne
1 TL Honig
1 EL Aceto balsamico
1 EL Naturjoghurt
1 EL Orangensaft
Meersalz · 4 EL Rapsöl

Für die gebackenen Schwarzwurzeln:
100 ml Milch
1 Spritzer Zitronensaft
4 Schwarzwurzeln
Meersalz
Öl zum Frittieren
3 Eier · ca. 50 g Mehl
200 g Weißbrotbrösel

1 Für die Bittersalate Radicchio und Chicorée putzen, in die einzelnen Blätter teilen, waschen und trocken schleudern. Rucola und Löwenzahn verlesen, waschen und trocken schleudern, grobe Stiele entfernen. Alle Salatsorten in einer Schüssel mischen.

2 Für das Granatapfeldressing die Granatapfelkerne, den Honig, den Essig, den Joghurt und den Orangensaft mischen, mit Meersalz würzen. Zum Schluss das Öl nach und nach unterrühren.

3 Für die gebackenen Schwarzwurzeln den Backofen auf 160 °C (Umluft) vorheizen. Die Milch mit Zitronensaft und 100 ml kaltem Wasser in eine Schüssel geben. Die Schwarzwurzeln unter fließendem kaltem Wasser schälen, dabei am besten Einweghandschuhe tragen. Geschälte Schwarzwurzeln sofort in die Zitronenmilch legen. Herausnehmen, jeweils einmal quer und einmal längs halbieren und mit Meersalz würzen. In Alufolie einpacken und im Ofen auf der mittleren Schiene 10 bis 12 Minuten garen.

4 Die Schwarzwurzeln aus dem Ofen nehmen und auspacken. Reichlich Öl in der Fritteuse oder in einem hohen Topf auf 160 °C erhitzen – es ist heiß genug, wenn sich an einem hineingehaltenen Holzlöffelstiel Blasen bilden.

5 Die Eier in einem tiefen Teller verquirlen. Das Mehl und die Weißbrotbrösel jeweils in einen tiefen Teller geben. Die Schwarzwurzeln im Mehl wenden, durch die Eier ziehen und zum Schluss mit den Weißbrotbröseln panieren. Im heißen Öl etwa 3 Minuten frittieren. Mit dem Schaumlöffel herausheben und auf Küchenpapier abtropfen lassen.

6 Die Bittersalate mit dem Granatapfeldressing mischen. Die Schwarzwurzeln so auf den Tellern anrichten, dass jeweils ein Rechteck entsteht, und den Salat darin anrichten. Noch etwas Dressing außen herumträufeln.

Schwarzwurzelsalat mit Physalis und Haselnüssen

Zutaten für 4 Personen

½ Schalotte
90 ml Gemüsebrühe
120 ml Weißweinessig
Meersalz
40 g Zucker
1 TL Honig
1 Msp. geriebener Knoblauch
180 ml Sonnenblumenöl
8 Schwarzwurzeln
12 Physalis (Kapstachelbeeren;
siehe Tipp)
12 Haselnusskerne

1 Die Schalotte schälen und in feine Würfel schneiden. Die Brühe mit dem Essig in einem kleinen Topf aufkochen. Meersalz, Zucker, Honig, Knoblauch und Schalotte hinzufügen. Den Topf vom Herd nehmen und die Flüssigkeit etwas abkühlen lassen. Dann das Öl mit dem Stabmixer nach und nach unterschlagen.

2 In einem Topf Salzwasser zum Kochen bringen. Die Schwarzwurzeln unter fließendem kaltem Wasser schälen. Dann mit dem Sparschäler rundum immer weiter Streifen abschneiden, bis die Stangen aufgebraucht sind. Die Schwarzwurzelstreifen sofort in das kochende Salzwasser geben. Dann in ein Sieb abgießen, abtropfen lassen und sofort in einer Schüssel mit der Vinaigrette mischen.

3 Die Physalis aus den Hüllblättern lösen, waschen und vierteln. Die Schwarzwurzeln schneckenförmig einrollen und dekorativ auf Tellern anrichten. Die Physalis dazwischen verteilen. Die Haselnüsse mit dem Trüffelhobel oder dem Sparschäler über den Salat hobeln. Die übrige Vinaigrette darüberträufeln und den Schwarzwurzelsalat nach Belieben mit etwas Kresse dekorieren.

Tipp: Physalis (Kapstachelbeeren) kommen ursprünglich aus Peru und wurden dort schon von den Inka angebaut. Die runden, glänzend orangefarbenen Früchte haben einen ganz eigenen, süßsäuerlichen Geschmack und sind wahre Vitamin-C-Bomben – also auch wunderbar als gesunder Snack geeignet. Physalis sind aber nicht nur geschmacklich, sondern auch optisch ein Highlight: Jede einzelne Frucht ist von einem lampionartigen Blütenkelch umgeben. Übrigens, auch in unseren Breitengraden können Kapstachelbeeren bestens gedeihen, so fühlen sie sich z.B. bei meinen Schwiegereltern im Rosenheimer Garten sehr wohl. Und ich freue mich über die Ausbeute für mein Restaurant!

Glasnudelsalat mit Weißkraut, Mangold und Erdnusscreme

Zutaten für 4 Personen

Für den Glasnudelsalat:
200 g Glasnudeln
Meersalz
5 EL Reisessig
1 TL Sesamöl (geröstet)
1/8 Weißkohl
2 Mangoldblätter
10 Zuckerschoten
1 Bund Frühlingszwiebeln
1 rote Zwiebel
1 Stängel Zitronengras
1 rote Chilischote
5 EL Sonnenblumenöl
1 Mango
2 EL Erdnusskerne

Für die Erdnusscreme:
4 EL Erdnusskerne
2 rote Chilischoten
4 EL eingelegter Ingwer
(aus dem Glas)
1/4 Bund Koriander
1/2 kleine Knoblauchzehe
4 EL Reisessig
2 TL Sesamöl (geröstet)
6 EL Honig
2 EL helle Sojasauce
4 EL Kokosmilch
Meersalz

1 Für den Glasnudelsalat die Glasnudeln in kaltem Wasser etwa 15 Minuten einweichen. Dann in ein Sieb abgießen, mit kochendem Salzwasser übergießen und abtropfen lassen. Die Glasnudeln in einer Schüssel mit dem Essig und dem Sesamöl mischen und abkühlen lassen.

2 Den Weißkohl putzen und den Strunk entfernen. Weißkohl in feine Streifen schneiden. Den Mangold waschen und trocken schütteln, die Stiele abschneiden und in feine Streifen schneiden. Die grünen Blätter ebenfalls in Streifen schneiden. Die Zuckerschoten putzen, waschen und in feine Streifen schneiden. Die Frühlingszwiebeln putzen, waschen und in feine Ringe schneiden. Die Zwiebel schälen und in feine Streifen schneiden. Vom Zitronengras die welken Außenblätter und die obere, trockene Hälfte entfernen, die untere Hälfte in sehr feine Ringe schneiden. Die Chilischote längs halbieren, entkernen, waschen und in feine Würfel schneiden.

3 Das Sonnenblumenöl in einer Pfanne erhitzen und den Kohl darin 2 Minuten anbraten. Die Mangoldstiele dazugeben und 1 Minute mitbraten. Dann die restlichen Zutaten hinzufügen und alles 1 weitere Minute braten. Mit Meersalz würzen und das warme Gemüse mit den Glasnudeln mischen.

4 Die Mango schälen, das Fruchtfleisch auf den flachen Seiten vom Stein und in kleine Würfel schneiden. Die Mango mit den Erdnüssen unter den Glasnudelsalat mischen.

5 Für die Erdnusscreme die Erdnüsse in der Pfanne goldbraun rösten. Die Chilischoten längs halbieren, entkernen, waschen und grob schneiden. Den Ingwer abtropfen lassen und ebenfalls grob schneiden. Den Koriander waschen, trocken schütteln und die Blätter abzupfen. Den Knoblauch schälen und in feine Würfel schneiden.

6 Erdnüsse, Chilis, Ingwer, Koriander und Knoblauch mit Essig, Öl, Honig, Sojasauce und Kokosmilch in einem hohen Rührbecher mit dem Stabmixer fein pürieren. Die Erdnusscreme mit Meersalz abschmecken und zum Glasnudelsalat servieren.

Orangen-Fenchel-Salat mit gefüllten Kirschtomaten

Zutaten für 4 Personen

Für den Orangen-Fenchel-Salat:
3 Fenchelknollen (mit Grün)
Meersalz
Zucker
Saft von 1 Zitrone
5 EL Olivenöl
4 Tomaten · 4 Orangen

Für die Kirschtomaten:
1 Stiel Petersilie
½ Bund Schnittlauch
2 Schnittknoblauchhalme
320 g Ziegenquark
abgeriebene Schale von
1 Bio-Orange
Meersalz
Pfeffer aus der Mühle
20 Kirschtomaten

1 Für den Orangen-Fenchel-Salat den Fenchel putzen, waschen und halbieren, den harten Strunk entfernen und das Grün beiseitelegen. Fenchel auf dem Gemüsehobel fein schneiden, in einer Schüssel mit Meersalz und Zucker bestreuen und etwa 10 Minuten Wasser ziehen lassen. Dann das Wasser abgießen. Zitronensaft und Olivenöl untermischen und den Fenchel 10 Minuten ziehen lassen.

2 Die Tomaten waschen, vierteln und entkernen. Viertel in Würfel schneiden, unter den Fenchel mischen und weitere 10 Minuten ziehen lassen. Orangen so großzügig schälen, dass auch die weiße Haut mit entfernt wird. Die Filets zwischen den einzelnen Trennhäuten herausschneiden, dabei den austretenden Saft auffangen. Die Orangen mit dem Saft zum Fenchel geben. Das Fenchelgrün hacken und unter den Salat mischen.

3 Für die Kirschtomaten die Kräuter waschen und trocken schütteln. Petersilienblätter abzupfen und fein hacken. Schnittlauch und Schnittknoblauch in feine Ringe schneiden. Quark mit Kräutern, Orangenschale, Meersalz und Pfeffer verrühren. Einen Teil des Kräuterquarks in einen Spritzbeutel füllen. Kirschtomaten in kochendem Salzwasser 10 Sekunden blanchieren. Abgießen, in Eiswasser abschrecken und häuten. Am Stielansatz einen Deckel abschneiden und die Tomaten entkernen. Kräuterquark im Spritzbeutel in die Tomaten füllen und die Deckel auflegen. Orangen-Fenchel-Salat mit den Kirschtomaten und dem restlichen Ziegenquark als Nocken dazu anrichten.

Bohnenmus mit Curryöl und Naan

Zutaten für 4 Personen

Für das Curryöl:
100 ml mildes Olivenöl
1 EL Madras-Currypulver

Für das Bohnenmus:
2 weiße Zwiebeln
1 Knoblauchzehe
8 EL Olivenöl
400 g gekochte weiße Bohnen
(z.B. aus der Dose)
Saft von 1/2 Zitrone
150–250 ml Gemüsebrühe
1 Msp. gemahlener Kreuzkümmel
Meersalz

Außerdem:
4 Naan-Fladenbrote (aus dem
Asialaden)

1 Für das Curryöl 3 EL Olivenöl in einer Pfanne erhitzen und das Currypulver darin leicht rösten. Das restliche Olivenöl hinzufügen und mit der Currymischung etwa 10 Stunden ziehen lassen.

2 Für das Bohnenmus die Zwiebeln und den Knoblauch schälen und in feine Würfel schneiden. Etwa 3 EL Olivenöl in einer Pfanne erhitzen und die Zwiebeln darin glasig dünsten. Den Knoblauch hinzufügen und kurz mitdünsten.

3 Die Bohnen mit der Zwiebel-Knoblauch-Mischung im Küchenmixer oder mit dem Stabmixer fein pürieren, dabei das restliche Olivenöl und den Zitronensaft dazugeben. Nach und nach so viel Brühe untermixen, bis das Mus eine cremige Konsistenz hat. Das Bohnenmus mit Kreuzkümmel und Meersalz würzen.

4 Den Backofen auf 180 °C (Umluft) vorheizen und das Naan-Fladenbrot darin rösten. Das Brot mit dem Bohnenmus bestreichen und das Curryöl in einem Schälchen dazu servieren.

Tipp: Naan-Brot kommt aus Indien und ähnelt im Aussehen einem Pizzafladen. Es wird aus gesäuertem (Weizenmehl-)Teig hergestellt und klassischerweise im Tandoor, dem indischen Lehmofen, gebacken. Ersatzweise können Sie das Bohnenmus auch mit türkischem Fladenbrot oder italienischem Weißbrot servieren.

Rosenheimer Steinpilz mit Sojabohnen, Pfifferlingen und Portulak

Zutaten für 4 Personen

Für den Salat:
1 EL Pinienkerne
1 Handvoll Portulak
1 EL alter Aceto balsamico
Meersalz · 1 EL Olivenöl

Für das Gemüse:
ca. 100 g Pfifferlinge
1 großer Steinpilz
ca. 10 Sojabohnenschoten
(siehe Tipp)
1 Schalotte
3 EL Rapsöl
Meersalz
5 EL Gemüsebrühe
25 g Butter
1 EL fein gehackte Petersilie
1 TL Meersalzflocken (siehe Tipp
S. 42; ersatzweise Meersalz)

1 Für den Salat die Pinienkerne in einer Pfanne ohne Fett goldbraun rösten. Den Portulak verlesen, waschen und trocken schütteln. Den Essig mit Meersalz und Olivenöl in einer Schüssel zu einer Vinaigrette verrühren.

2 Für das Gemüse die Pfifferlinge putzen und mit Küchenpapier trocken abreiben. Den Steinpilz putzen, ebenfalls mit Küchenpapier trocken abreiben und längs in etwa 1 cm dicke Scheiben schneiden. Die Sojabohnenschoten palen. Die Schalotte schälen und in feine Würfel schneiden.

3 In einer Pfanne 2 EL Öl erhitzen und die Pfifferlinge darin etwa 2 Minuten anbraten. Die Schalotte und die Sojabohnenkerne dazugeben, kurz mitdünsten und mit Meersalz würzen. Mit der Brühe ablöschen und kurz köcheln lassen. Die Butter unterrühren und zum Schluss die Petersilie untermischen.

4 Eine Grillpfanne erhitzen und mit dem restlichen Öl einfetten. Die Steinpilzscheiben darin auf beiden Seiten stark anbraten. Auf Teller verteilen, mit Meersalzflocken bestreuen und das Pfifferling-Bohnen-Gemüse darauf anrichten. Den Portulak mit der Vinaigrette mischen und auf den Pilzen anrichten.

Tipp: Frische Sojabohnen sind bei uns in Asialäden erhältlich. Die Schoten halten sich im Kühlschrank etwa 2 Tage. Wenn Sie, wie bei diesem Gericht, nur die innen liegenden Kerne benötigen, sollten Sie diese auch erst kurz vor der Verwendung aus den Schoten lösen. Zehn Schoten ergeben etwa 4 EL Sojabohnenkerne.

Butternusskürbis mit Linsen-Chili-Vinaigrette und Haselnüssen

Zutaten für 4 Personen

Für den Butternusskürbis:
1 kleiner Butternusskürbis
Meersalz
4 EL Olivenöl

Für die Linsen-Chili-Vinaigrette:
100 g rote Linsen
Meersalz
2 EL Noilly Prat (franz. Wermut)
2 EL Balsamico bianco
1/4 rote Chilischote

Außerdem:
100 g Ziegenfrischkäse
8 Haselnusskerne

1 Für den Butternusskürbis den Backofen auf 180 °C (Umluft) vorheizen. Den Kürbis halbieren und die Kerne mit einem Esslöffel entfernen. Die Kürbishälften auf ein Backblech legen, die Schnittflächen mit Meersalz bestreuen und mit dem Olivenöl beträufeln. Die Kürbishälften im Ofen auf der mittleren Schiene etwa 1 Stunde garen.

2 Inzwischen für die Linsen-Chili-Vinaigrette die Linsen in Salzwasser 10 bis 12 Minuten garen. In ein Sieb abgießen, kurz abbrausen und in eine Schüssel geben. Noch warm mit dem Noilly Prat mischen. Den Essig dazugeben und die Linsen mit Meersalz abschmecken. Die Chilischote entkernen, waschen, in feine Würfel oder Ringe schneiden und untermischen.

3 Die Kürbishälften aus dem Ofen nehmen und das Fruchtfleisch mit einem Esslöffel in groben Stücken herauslösen. Die Kürbisstücke auf vorgewärmte Teller verteilen und mit der Linsen-Chili-Vinaigrette beträufeln. Den Frischkäse darüber verteilen und die Haselnüsse mit dem Trüffelhobel oder dem Sparschäler darüberhobeln.

Tipp: Zu dem gebackenen Kürbis serviere ich gerne Vollkornbrot. Wer kein Freund von Ziegenfrischkäse ist, kann auch Feta oder Kräuterquark nehmen.

Süßsauer eingelegter Kürbis im Glas

Zutaten für 2 Gläser à 250 ml

100 g Schalotten
20 g frischer Ingwer
60 g eingelegter Ingwer (aus dem Glas) · 4 EL Olivenöl
80 ml Weißweinessig
200 ml trockener Weißwein
12 EL Waldhonig
feines Meersalz
400 g Muskatkürbis
1/2 rote Chilischote

1   Die Schalotten schälen und in feine Würfel schneiden. Den frischen Ingwer schälen und mit dem eingelegten Ingwer in feine Würfel schneiden. Das Olivenöl in einem Topf erhitzen und die Schalotten darin glasig dünsten.

2   Zweierlei Ingwer dazugeben und mit dem Essig ablöschen. Kurz einköcheln lassen, dann den Wein angießen und etwa 1 Minute köcheln lassen. Mit dem Honig und etwas Meersalz abschmecken.

3   Den Kürbis schälen, entkernen und in etwa 3 mm große Würfel schneiden. Die Kürbiswürfel zum Fond geben und alles einmal aufkochen. Die Chilischote entkernen, waschen, in feine Würfel schneiden und dazugeben. Den Kürbis kochend heiß in die sterilisierten Einmachgläser füllen und sofort verschließen. Hält sich etwa 6 Monate. Nach dem Öffnen kühl lagern. Der eingelegte Kürbis passt z.B. zu Blauschimmelkäse.

Petersilienwurzelpüree

Zutaten für 4 Personen

400 g Petersilienwurzeln
2 Schalotten
2 EL Olivenöl
100 ml trockener Weißwein
ca. 200 g Sahne
40 g Butter
Meersalz
Pfeffer aus der Mühle

1   Die Petersilienwurzeln putzen, schälen und in Stücke schneiden. Die Schalotten schälen und in feine Würfel schneiden.

2   Das Olivenöl in einem Topf erhitzen und die Schalotten darin glasig dünsten. Die Petersilienwurzeln dazugeben und kurz mitdünsten. Mit dem Weißwein ablöschen und auf die Hälfte einköcheln lassen.

3   Die Sahne dazugießen und erwärmen. Dann alles mit dem Stabmixer fein pürieren, dabei die Butter untermischen. Das Petersilienwurzelpüree mit Salz und Pfeffer würzen.

Tipp: Das Püree serviere ich gerne mit Spiegelei, pochiertem oder gebackenem Ei oder Schafskäse.

Gebratener Chicorée mit Wildreis-Maracuja-Sauce

Zutaten für 4 Personen

Für das geschmorte Paprikagemüse:

je 2 rote und gelbe Paprikaschoten
Meersalz
2 Knoblauchzehen
je 2 Zweige Rosmarin und Thymian
8 EL Olivenöl
2 Schalotten
30 g Butter
100 g Schafskäse
1/2 TL Pfeffermischung Pepe No. 4
(siehe Tipp; ersatzweise Pfeffer
aus der Mühle)

Für die Wildreis-Maracuja-Sauce:

50 g Wildreis
Meersalz
2 Maracujas (Passionsfrüchte)
2 EL Waldhonig
1 Pimentkorn

Für den gebratenen Chicorée:

je 2 rote und gelbe Chicorée
1 rote Zwiebel
8 EL Olivenöl
Meersalz
Zucker

1 Für das geschmorte Paprikagemüse den Backofen auf 165 °C (Umluft) vorheizen. Die Paprikaschoten längs vierteln, entkernen, waschen und trocken tupfen. Auf der Innenseite mit Meersalz würzen. Den Knoblauch schälen und in feine Scheiben schneiden. Die Kräuter waschen und trocken tupfen. Alles mischen und die Paprikaviertel mit der Schale nach oben auf einem Backblech verteilen. Mit dem Olivenöl bestreichen und im Ofen auf der mittleren Schiene etwa 15 Minuten garen, bis die Haut schwarz wird.

2 Für die Wildreis-Maracuja-Sauce den Wildreis in Salzwasser etwa 15 Minuten garen. In ein Sieb abgießen, kalt abschrecken und abtropfen lassen. In eine Schüssel geben. Die Maracujas halbieren, das Fruchtfleisch mit einem Löffel herauslösen und mit dem Waldhonig unter den Reis mischen. Den Piment zerstoßen und ebenfalls untermischen. Die Wildreis-Maracuja-Sauce mit Meersalz würzen.

3 Für den gebratenen Chicorée die Chicorée halbieren und jeweils den Strunk herausschneiden. Die Zwiebel schälen und in feine Würfel schneiden. Das Olivenöl in einer Pfanne erhitzen, Chicoréehälften und Zwiebelwürfel darin rundum anbraten. Mit Meersalz und Zucker würzen und zugedeckt bei mittlerer Hitze im eigenen Saft etwa 4 Minuten garen.

4 Die Paprikaschoten aus dem Ofen nehmen, mit einem feuchten Küchentuch bedecken und 5 Minuten auskühlen lassen. Dann die Paprikaviertel mit einem spitzen Messer schälen und in Würfel schneiden. Die Schalotten schälen und in feine Würfel schneiden. Die Butter in einer Pfanne erhitzen und die Schalotten darin glasig dünsten. Die Paprikawürfel dazugeben und kurz mitdünsten. Den Schafskäse in kleine Stücke schneiden und untermischen. Mit Meersalz und der Pfeffermischung abschmecken.

5 Die Chicoréehälften auf Tellern anrichten und das geschmorte Paprikagemüse darübergeben. Die Wildreis-Maracuja-Sauce darum herumträufeln.

Tipp: Pepe No. 4 ist eine Pfeffermischung aus Malbar-Pfeffer, Langem Pfeffer, Kubebenpfeffer und Piment. Malbar-Pfeffer hat ein aromatisches, angenehm scharfes Aroma, Kubebenpfeffer ist eher ätherisch, zitronig und kräuterig. Langer Pfeffer gibt der Mischung etwas Rauchiges und Erdiges. Piment ist der kleinste Bestandteil, denn er soll dem Ganzen nur einen Hauch von Zimt und Nelke verleihen. Man kann die Mischung selbst herstellen oder im Internet bestellen.

Wurzelgemüse aus dem Pergament mit Feigensenf-Sauerrahm

Zutaten für 4 Personen

Für das Wurzelgemüse:
1 Möhre · 1 Pastinake
3 Kerbelwurzeln (ersatzweise
Petersilienwurzeln)
1/2 Gelbe Bete (ersatzweise
Rote Bete)
1 Petersilienwurzel
2 Schalotten
12 helle Trauben
12 rote Trauben
Meersalz
ca. 40 g Butter
4 Lorbeerblätter
200 g Brie
Pfeffer aus der Mühle

Für den Feigensenf-Sauerrahm:
ca. 6 Schnittlauchhalme
120 g saure Sahne
2 EL Feigensenfsauce
(aus dem Glas)
Meersalz

1 Für das Wurzelgemüse den Backofen auf 180 °C (Umluft) vorheizen. Das Gemüse putzen, schälen und in Streifen schneiden. Die Schalotten schälen und ebenfalls in Streifen schneiden. Die Trauben waschen und halbieren.

2 Alles mischen, mit Meersalz würzen und mit je 1 EL Butter und 1 Lorbeerblatt in vier Pergamentpapiertüten (siehe Tipp) einpacken. Im Ofen auf der mittleren Schiene 10 Minuten backen.

3 Inzwischen für den Feigensenf-Sauerrahm den Schnittlauch waschen, trocken schütteln und in feine Röllchen schneiden. Mit der sauren Sahne, der Feigensenfsauce und 2 Prisen Meersalz mischen.

4 Den Brie zuerst in 4 Scheiben und diese dann in Streifen schneiden. Die Pergamenttüten aufschneiden, den Brie auf das Gemüse legen und nach Belieben im Ofen noch 2 Minuten überbacken. Herausnehmen, mit Pfeffer würzen und mit dem Feigensenf-Sauerrahm servieren.

Tipp: Aus Backpapier kann man ganz einfach schöne Papiertüten selber basteln. Dafür das Backpapier diagonal über das Gemüse schlagen, die Ränder mehrfach falten und zusammentackern.

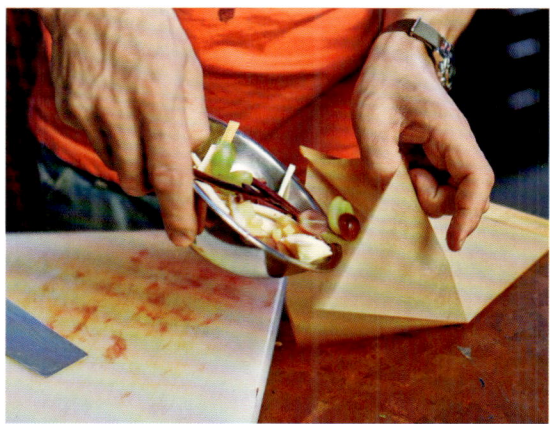

Geräucherter Pastinakenstampf mit Spiegelei und Senf-Butter-Schaumsauce

Zutaten für 4 Personen

Für den geräucherten Pastinaken-stampf:

2 Pastinaken (ca. 300 g)
2 EL Arganöl
Meersalz
2 Schalotten
20 g Butter
25 g Sahne
1 Spritzer Zitronensaft
abgeriebene Schale von
1 Bio-Zitrone
3 EL Räuchermehl (aus dem
Anglerbedarf)

Für die Senf-Butter-Schaumsauce:

5 Champignons
1 Schalotte
1 Stiel Estragon
5 EL trockener Weißwein
Meersalz
100 g Butter
2 Eigelb
1 EL Senf

Für das Spiegelei:

2 EL Öl
4 Eier
Meersalz
einige Schnittlauchhalme

1　Für den Pastinakenstampf den Backofen auf 200 °C (Umluft) vorheizen. Die Pastinaken putzen, schälen, längs halbieren und mit den Schnittflächen nach oben auf ein mit Backpapier belegtes Backblech legen. Pastinaken mit Arganöl beträufeln, mit Meersalz bestreuen und im Ofen auf der mittleren Schiene etwa 25 Minuten weich garen.

2　Für die Senf-Butter-Schaumsauce die Champignons putzen, trocken abreiben und in Scheiben schneiden. Die Schalotte schälen und in feine Würfel schneiden. Den Estragon waschen, trocken tupfen und die Blätter abzupfen. Wein mit Pilzen, Schalotte und Estragon in einem kleinen Topf zum Kochen bringen. Mit Meersalz würzen und 2 Minuten leicht köcheln. Die Herdplatte ausschalten und den Sud etwa 5 Minuten ziehen lassen.

3　Die Butter in einer Pfanne zerlassen und bei mittlerer Hitze braun werden lassen. Vom Herd nehmen und abkühlen lassen. Den Pilzsud durch ein Sieb in eine Metallschüssel gießen. Die Eigelbe und den Senf unterrühren und die Mischung im heißen Wasserbad cremig aufschlagen. Die braune Butter in einem dünnen Strahl unter ständigem Rühren unterrühren. Die Schaumsauce warm halten.

4　Die Pastinaken aus dem Ofen nehmen und mit einer Gabel grob zerdrücken. Die Schalotten schälen und in feine Würfel schneiden. Die Butter in einer Pfanne erhitzen und die Schalotten darin glasig dünsten. Mit der Sahne ablöschen und die Pastinaken unterrühren. Zitronensaft und -schale dazugeben und mit Meersalz abschmecken.

5　Den Pastinakenstampf in ein Sieb geben. Den Boden eines weiten Topfes mit Alufolie auslegen und das Räuchermehl darauf verteilen. Den Topf stark erhitzen, bis das Räuchermehl zu rauchen beginnt. Das Sieb mit dem Pastinakenstampf in den Topf hängen und den Stampf zugedeckt 1 Minute räuchern.

6　Für das Spiegelei eine große beschichtete Pfanne leicht erhitzen. Das Öl mit einem Pinsel darin verteilen und die Eier vorsichtig in die Pfanne aufschlagen. Nur jeweils das Eiweiß leicht mit Meersalz würzen. Die Eier bei mittlerer Hitze langsam garen, bis auch das Eigelb heiß ist (mit leichtem Fingerdruck prüfen). Schnittlauch waschen, trocken schütteln und in feine Röllchen schneiden. Die Spiegeleier auf einen Teller geben, mit einem Ausstecher rund ausstechen und die Eigelbe leicht mit Meersalz würzen.

7　Den geräucherten Pastinakenstampf mit den Spiegeleiern und der Senf-Butter-Schaumsauce auf Tellern anrichten und die Eier mit dem Schnittlauch bestreuen.

Flammkuchen mit Lauch und Ziegenkäse

Zutaten für 4 Personen

Für den Teig:
375 g Mehl
1 Eigelb
1 TL Olivenöl
Meersalz
Mehl für die Arbeitsfläche

Für den Aufstrich:
60 g Naturjoghurt
110 g Crème fraîche
Meersalz

Für den Belag:
1 Stange Lauch
120 g Ziegenfrischkäse
1/2 Bund Schnittlauch
Pfeffer aus der Mühle

1 Für den Teig das Mehl in eine Schüssel geben. Mit dem Eigelb, dem Olivenöl und 1 Prise Meersalz mit den Knethaken des Handrührgeräts verkneten. Nach und nach 1/4 l Wasser unter ständigem Rühren hinzugeben und alles zu einem glatten Teig verarbeiten. Noch 10 Minuten mit den Händen weiterkneten und anschließend an einem warmen Ort 2 Stunden ruhen lassen.

2 Inzwischen für den Aufstrich den Joghurt mit der Crème fraîche verrühren und mit 1/2 TL Meersalz würzen. Für den Belag den Lauch putzen, waschen und in Ringe schneiden. Den Frischkäse in etwa 1/2 cm große Stücke schneiden. Den Schnittlauch waschen, trocken schütteln und in Röllchen schneiden. Den Backofen auf 250 °C (Umluft) vorheizen.

3 Den Teig auf der bemehlten Arbeitsfläche dünn zu 4 runden Fladen ausrollen und auf zwei mit Backpapier belegte Backbleche legen. Den Aufstrich auf den Teigböden verteilen, dabei einen etwa 1/2 cm breiten Rand frei lassen. Den Lauch und den Frischkäse auf dem Aufstrich verteilen. Die Flammkuchen im Ofen auf der mittleren Schiene etwa 6 Minuten backen.

4 Die Flammkuchen aus dem Ofen nehmen, mit den Schnittlauchröllchen bestreuen, etwas Pfeffer aus der Mühle darübermahlen und sofort servieren.

Tipp: Sehr dekorativ ist es, wenn Sie die Flammkuchen in ofenfesten Pfännchen backen und servieren. Der Flammkuchen eignet sich auch wunderbar als Appetizer zu einem Glas Wein. Dafür dann einfach aus dem Teig 10 bis 12 kleine Fladen formen und wie beschrieben belegen. Die Mini-Fladen dann nur etwa 4 Minuten backen.

Waldpilz strudel mit Petersilienwurzeln und Alfalfasprossen

Zutaten für 4 Personen

Für die Füllung:
je 50 g Pfifferlinge, Steinpilze,
Semmelstoppelpilze und
Krause Glucke
5 g schwarzer Trüffel
2 Petersilienwurzeln
2 Schalotten
1 Knoblauchzehe
Meersalz
8 EL Öl
2 EL Weinbrand
100 g Butter
5 EL trockener Weißwein
8 Scheiben Toastbrot
1/4 Bund Petersilie
100 g Crème fraîche
3 Eier
60 g geriebener milder Bergkäse
2 Tropfen Trüffelöl
(ohne künstliche Aromen)
evtl. geriebene Weißbrotbrösel

Außerdem:
6 Blätter Strudelteig (ca. 30 x
42 cm; aus dem Kühlregal)
50 g flüssige Butter
3 Eigelb
50 g Alfalfasprossen

1   Für die Füllung die Pilze putzen, falls nötig, trocken abreiben und in etwa 2 cm große Stücke schneiden. Den Trüffel in feine Würfel schneiden. Die Petersilienwurzeln putzen, schälen und in 2 mm dicke Scheiben schneiden. Die Schalotten und den Knoblauch schälen und in feine Würfel schneiden. Den Knoblauch mit etwas Meersalz bestreuen, kurz ziehen lassen und mit einer Messerklinge zerreiben.

2   Das Öl in einer Pfanne erhitzen und die Pilze darin rundum kräftig anbraten. Die Schalotten und den Knoblauch dazugeben, mit Meersalz würzen und so lange braten, bis aus den Pilzen keine Flüssigkeit mehr austritt. Den Weinbrand angießen und einkochen lassen. Die Pilzmischung in ein Sieb geben und abtropfen lassen.

3   In einer Pfanne 3 EL Butter erhitzen, die Petersilienwurzeln darin andünsten und mit Meersalz würzen. Den Wein angießen und die Petersilienwurzeln mit geschlossenem Deckel bei schwacher Hitze etwa 10 Minuten dünsten. Den Deckel abnehmen und die Flüssigkeit einkochen lassen.

4   Das Toastbrot in etwa 1 cm große Würfel schneiden. Die restliche Butter in einer zweiten Pfanne erhitzen und die Hälfte der Brotwürfel darin goldbraun braten. Die Petersilie waschen und trocken schütteln, die Blätter abzupfen und fein hacken.

5   Die Pilze mit Petersilienwurzeln, Brotwürfeln, Petersilie, Crème fraîche, Eiern, Bergkäse und Trüffelöl in einer Schüssel verrühren und mit Meersalz würzen. Falls die Masse zu flüssig ist, noch mit etwas Brotbröseln binden. Den Backofen auf 160 °C (Umluft) vorheizen.

6   Auf der Arbeitsfläche jeweils 3 Blätter Strudelteig aufeinanderlegen, dabei jede Schicht mit flüssiger Butter bestreichen. Die Pilzmasse auf dem Teig verteilen und von der Längsseite her zu Strudeln einrollen, dabei die Querseiten etwas über die Füllung schlagen. Die Strudel mit der Nahtstelle nach unten auf ein mit Backpapier belegtes Backblech legen und im Ofen auf der mittleren Schiene etwa 12 Minuten backen.

7   Die Strudel herausnehmen, mit den Eigelben bestreichen und weitere 3 Minuten backen. Dann herausnehmen und kurz abkühlen lassen. Die Sprossen waschen und abtropfen lassen. Die Strudel in Scheiben schneiden und mit den Sprossen bestreut servieren. Dazu passt ein Petersilienpesto (Zubereitung siehe »Kräuterpesto« auf S. 117; nur mit Petersilienblättern).

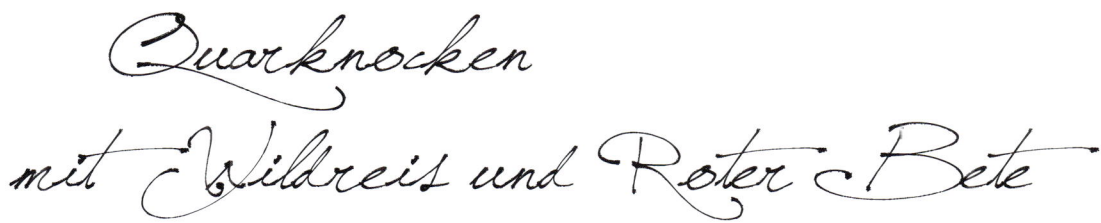

Quarknocken
mit Wildreis und Roter Bete

Zutaten für 4 Personen

Für die Rote Bete:
2 Schalotten
200 g Rote Beten
2 EL Olivenöl
4 EL Weißweinessig
100 ml trockener Weißwein
6 EL Waldhonig
Meersalz

Für die Quarknocken:
400 g Speisequark (40 % Fett)
125 g Butter
130 g Schwarzbrot (ohne Rinde)
2 Eier
50 g Crème fraîche
Meersalz
1 EL gehackte gemischte Kräuter

Für den Wildreis:
80 g Wildreis
Meersalz
2 rote Zwiebeln
1 Möhre
1 Bund Frühlingszwiebeln
80 g Butter
5 EL Gemüsebrühe

1 Am Vortag für die Rote Bete die Schalotten schälen und in feine Würfel schneiden. Die Roten Beten schälen und in etwa 1/2 cm große Würfel schneiden. Das Olivenöl in einer Pfanne erhitzen und die Schalotten darin glasig dünsten. Mit dem Essig ablöschen, einkochen lassen und den Wein angießen. Alles etwa 1 Minute köcheln lassen und den Honig untermischen. Mit Meersalz würzen, die Roten Beten hinzufügen und aufkochen lassen. Die Roten Beten samt Fond in ein verschließbares Glas geben, verschließen und über Nacht ziehen lassen.

2 Für die Quarknocken den Quark in einem Sieb über Nacht abtropfen lassen.

3 Am nächsten Tag die Butter in einem kleinen Topf bei mittlerer Hitze zerlassen und langsam erhitzen, bis sie goldbraun ist und ein nussiges Aroma hat. Das Brot zerpflücken und im Küchenmixer fein zerkleinern. Quark mit 2 EL Nussbutter, 50 g Brotbröseln, 1 Ei, 1 Eigelb und der Crème fraîche verrühren und mit Meersalz würzen.

4 Für den Wildreis den Reis in Salzwasser etwa 15 Minuten garen, in ein Sieb abgießen, mit kaltem Wasser abbrausen und abtropfen lassen. Die Zwiebeln und die Möhre schälen und in feine Würfel schneiden. Die Frühlingszwiebeln putzen, waschen und schräg in Ringe schneiden. Die Hälfte der Butter in einer Pfanne erhitzen und die Zwiebeln darin glasig dünsten. Möhre und Frühlingszwiebeln dazugeben und ein paar Minuten mitdünsten. Mit Meersalz würzen und den Reis untermischen. Die Brühe hinzufügen und aufkochen. Die restliche Butter in Stückchen unterrühren.

5 Für die Quarknocken reichlich Salzwasser aufkochen. Das restliche Eiweiß zu steifem Schnee schlagen und unter die Quarkmischung heben. Mit einem in Wasser getauchten Esslöffel aus der Masse Nocken abstechen und im Salzwasser bei mittlerer Hitze etwa 3 Minuten gar ziehen lassen.

6 Die restliche braune Butter mit den übrigen Brotbröseln und den Kräutern mischen. Die Nocken mit dem Schaumlöffel herausheben, auf Teller verteilen und mit den Brot-Kräuter-Bröseln bestreuen. Den Wildreis und die Roten Beten daneben anrichten.

Tipp: Sehr gerne serviere ich zu diesem Gericht noch ein fruchtiges Chutney, z.B. mit Mango (siehe S. 205) oder Physalis (Kapstachelbeeren). Sauer sollte das Chutney allerdings nicht sein, da die Roten Beten bereits genügend Säure mitbringen.

Kartoffelpfannkuchen mit Urkarotte und Piemonteser Haselnüssen

Zutaten für 4 Personen

Für den Pfannkuchen:
150 g mehligkochende Kartoffeln
(vorgegart, abgekühlt) · 50 g Mehl
100 ml Milch · 100 g Sahne
1–2 Eier · Meersalz
50 g Butter

**Für das Gemüse und den Hasel-
nussschaum:**
6 Urkarotten (ersatzweise normale
Möhren)
90 g Butter · Meersalz
2 Schalotten · ¼ Stange Lauch
(den weißen Teil)
5 EL trockener Weißwein
100 g Sahne · 100 ml Milch
5 EL Haselnussöl

Außerdem:
ca. 12 Haselnusskerne

1 Für den Pfannkuchen die Kartoffeln pellen und durch die Kartoffelpresse in eine Schüssel drücken. Die Kartoffeln locker mit dem Mehl vermengen. Milch, Sahne und Eier unterrühren und den Teig mit Meersalz würzen.

2 Für das Gemüse die Urkarotten schälen. Mit dem Sparschäler von den Karotten rundum längs breite Streifen abschälen (»Karottennudeln«). In einer Pfanne 50 g Butter erhitzen, die Karottenstreifen darin 3 Minuten andünsten, mit Meersalz würzen und warm halten.

3 Für den Haselnussschaum die Schalotten schälen und in Ringe schneiden. Den Lauch putzen, längs halbieren, waschen und in Scheiben schneiden. Die restliche Butter in einer Pfanne erhitzen und die Schalotten darin glasig dünsten. Den Lauch dazugeben und mit Meersalz würzen. Mit dem Wein ablöschen und die Flüssigkeit auf die Hälfte einkochen lassen. Die Sahne dazugießen und alles 5 Minuten leicht köcheln lassen. Die Milch zum Lauch geben und aufkochen lassen.

4 Die Lauchsahne in eine Schüssel oder in einen hohen Rührbecher geben und mit dem Stabmixer fein pürieren. Die Lauchsahne nach Belieben durch ein feines Sieb streichen. Das Haselnussöl mit dem Stabmixer in die heiße, aber nicht kochende Lauchsahne (etwa 75 °C) mixen.

5 Für den Pfannkuchen in einer Pfanne etwas Butter erhitzen, ein Viertel des Teigs hineingeben und durch Schwenken der Pfanne darin verteilen. Den Teig auf der Unterseite goldbraun backen, wenden und die andere Seite ebenfalls goldbraun backen. Den Pfannkuchen herausnehmen und warm halten. Aus dem restlichen Teig auf die gleiche Weise 3 weitere Pfannkuchen backen.

6 Die Karottennudeln auf den Kartoffelpfannkuchen anrichten. Den Haselnussschaum noch einmal mit dem Stabmixer aufmixen und über die Karotten träufeln. Die Haselnüsse mit dem Trüffelhobel oder dem Sparschäler darüberhobeln.

Kartoffelkrapfen
mit Roquefort-Lauch-Gemüse

Zutaten für 4 Personen

Für die Kartoffelkrapfen:
550 g mehligkochende Kartoffeln
Meersalz
25 g Butter
50 g Mehl
2 kleine Eier
frisch geriebene Muskatnuss
Öl zum Ausbacken

Für das Roquefort-Lauch-Gemüse:
200 g Lauch
20 g Butter
30 g Roquefort

1   Für die Kartoffelkrapfen die Kartoffeln schälen, waschen und in 4 cm große Stücke schneiden. Die Kartoffeln in Salzwasser etwa 20 Minuten weich garen.

2   Für den Brandteig die Butter mit 75 ml Wasser und 1 Prise Meersalz aufkochen. Das Mehl auf einmal dazugeben und mit einem Kochlöffel rühren, bis sich ein weißer Belag am Topfboden bildet. Die Masse in eine Rührschüssel geben.

3   Die Eier einzeln mit den Quirlen des Handrührgeräts unter den Brandteig rühren. Die Kartoffeln abgießen und etwa 5 Minuten auf einem Lochgitter oder Sieb ausdampfen lassen. Dann noch warm durch die Kartoffelpresse auf die Brandteigmasse drücken und gut unterrühren. Den Teig mit Meersalz und Muskatnuss würzen.

4   Für das Roquefort-Lauch-Gemüse den Lauch putzen, längs halbieren, waschen und auf einem Sieb abtropfen lassen. Den Lauch quer in feine Streifen oder Rauten schneiden. Die Butter in einem Topf erhitzen und den Lauch darin kurz andünsten. Den Roquefort unterrühren. Das Gemüse warm halten.

5   Reichlich Öl in der Fritteuse oder in einem hohen Topf auf 160 °C erhitzen – es ist heiß genug, wenn sich an einem hineingehaltenen Holzlöffelstiel Blasen bilden. Mit zwei Teelöffeln kleine Nocken vom Kartoffelteig abstechen und im heißen Öl goldbraun ausbacken. Mit dem Schaumlöffel herausnehmen und auf Küchenpapier abtropfen lassen. Gegebenenfalls nochmals nachsalzen.

6   Die Kartoffelkrapfen auf Teller verteilen und das Roquefort-Lauch-Gemüse dazu anrichten.

Tipp: Natürlich kann man anstelle von Roquefort auch einen anderen, weniger kräftigen Käse verwenden, sollte dann das Gemüse aber mit etwas Salz und nach Belieben mit Pfeffer würzen.

Portweinrisotto mit Münster im Lauchmantel

Zutaten für 4 Personen

Für den Portweinrisotto:

3 Schalotten
60 g Butter
200 g Risottoreis (superfino)
100 ml trockener Rotwein
100 ml roter Portwein
Meersalz
ca. 3/4 l heiße Gemüsebrühe
3 EL geriebener Parmesan

Für den Münster:

1 Stück Lauchstange (ca. 15 cm, der weiße Teil)
Meersalz
300 g Münsterkäse

1 Für den Portweinrisotto die Schalotten schälen und in feine Würfel schneiden. Die Butter in einem Topf erhitzen und die Schalottenwürfel darin glasig dünsten. Den Reis dazugeben und kurz mitdünsten. Mit dem Rotwein ablöschen und auf ein Fünftel einköcheln lassen.

2 Den Portwein dazugeben und ebenfalls einköcheln lassen. Den Reis mit Meersalz würzen. So viel heiße Brühe angießen, dass der Reis bedeckt ist, und unter häufigem Rühren einköcheln lassen. Den Vorgang wiederholen, bis der Reis nach etwa 25 Minuten bissfest ist.

3 Inzwischen für den Münster den Backofen auf 180 °C (Umluft) vorheizen. Den Lauch längs halbieren, in die einzelnen Blätter auffächern und waschen. Die Lauchblätter in kochendem Salzwasser etwa 40 Sekunden blanchieren. Abgießen und in kaltem Salzwasser abschrecken.

4 Den Käse in 8 Würfel schneiden und jeden Käsewürfel mit 1 Lauchblatt umhüllen. Die Lauchblätter leicht mit Meersalz würzen. Den umhüllten Käse auf ein mit Backpapier belegtes Backblech legen und im Ofen auf der mittleren Schiene etwa 4 Minuten erhitzen, bis er leicht zerläuft.

5 Den Parmesan unter den Risotto rühren und mit Salz abschmecken. Den Portwein-Risotto auf Teller verteilen und den Münster im Lauchmantel darauf anrichten.

Tipp: Münsterkäse ist ein Rotschmierkäse aus der Region Munster im Elsass. Der Weichkäse hat zwar einen strengen Geruch, ist aber im Geschmack eher mild. Ersatzweise können Sie auch Brie oder Camembert nehmen.

Safranrisotto mit Gemüsetempura

Zutaten für 4 Personen

Für den Safranrisotto:

ca. 900 ml Gemüsebrühe
15 Safranfäden
3 Schalotten
60 g Butter
200 g Risottoreis (superfino)
ca. 150 ml trockener Weißwein
Meersalz
3 EL geriebener Parmesan

Für das Gemüsetempura:

50 g Mehl · Meersalz
10 g Maisstärke
10 Eiswürfel
1 Möhre · 1 Pastinake
1 Zucchino
Öl zum Frittieren
Mehl zum Wenden
8 Schnittlauchhalme zum
Zusammenbinden

1 Für den Safranrisotto die Brühe mit dem Safran einmal aufkochen und 20 Minuten ziehen lassen. Die Schalotten schälen und in feine Würfel schneiden. Die Butter in einem Topf erhitzen und die Schalottenwürfel darin glasig dünsten. Den Reis dazugeben und kurz mitdünsten. Mit dem Wein ablöschen und auf ein Fünftel einköcheln lassen. Mit Meersalz würzen. So viel heiße Safranbrühe angießen, dass der Reis bedeckt ist, und unter häufigem Rühren einköcheln lassen. Den Vorgang wiederholen, bis der Reis nach etwa 25 Minuten bissfest ist.

2 Inzwischen für den Tempurateig das Mehl mit 1 Prise Meersalz und der Maisstärke in einer Schüssel mischen und in der Mitte eine Mulde bilden. Die Eiswürfel mit 100 ml Wasser mischen und langsam in die Mulde geben, dabei das Mehl nach und nach unterrühren.

3 Die Möhre und die Pastinake putzen, schälen, in Stifte schneiden und mit Meersalz würzen. Den Zucchino putzen, waschen, längs halbieren und die Kerne mit einem Teelöffel entfernen. Zucchino ebenfalls in Stifte schneiden und mit Meersalz würzen.

4 Reichlich Öl in der Fritteuse oder in einem hohen Topf auf 160 °C erhitzen – es ist heiß genug, wenn sich an einem hineingehaltenen Holzlöffelstiel Blasen bilden. Etwas Mehl in einen tiefen Teller geben. Die Gemüsestifte darin wenden, durch den Teig ziehen und anschließend im heißen Öl goldbraun ausbacken. Mit dem Schaumlöffel herausheben, auf Küchenpapier abtropfen lassen und leicht mit Meersalz würzen.

5 Die Schnittlauchhalme kurz in kochendes Wasser tauchen und die Gemüsesticks damit zu kleinen Bündeln zusammenbinden. Den Safranrisotto auf vorgewärmte Teller oder Schüsseln verteilen und das Gemüsetempura daneben anrichten.

Tipp: Das Gemüsetempura eignet sich auch als kleine Knabberei für zwischendurch. Dafür kann man die panierten Gemüsesticks beispielweise in Gläsern anrichten.

Schwarzwurzel-Tarte-Tatin mit scharfem Dip

Zutaten für 4 Personen

Für die Schwarzwurzel-Tarte-Tatin:
Meersalz
4 Schwarzwurzeln
1 Platte Blätterteig (ca. 25 x 42 cm;
aus dem Kühlregal)
250 g Zucker
ca. 20 g Butter

Für den scharfen Dip:
1 Bund Thai-Basilikum
2 rote Chilischoten
4 EL griechischer Joghurt
4 EL saure Sahne
8 EL Sweet-Chili-Sauce
Meersalz

1 Für die Schwarzwurzel-Tarte-Tatin in einem Topf Salzwasser aufkochen. Die Schwarzwurzeln unter fließendem kaltem Wasser schälen, in dünne Scheiben schneiden und sofort im kochenden Wasser etwa 30 Sekunden blanchieren. In ein Sieb abgießen und abtropfen lassen.

2 Den Backofen auf 180 °C (Umluft) vorheizen. Aus dem Blätterteig mithilfe einer Tarteform (24 cm Durchmesser) einen Kreis ausschneiden. Den Zucker in einem Topf goldbraun karamellisieren. Den Karamell in die Form geben und die Schwarzwurzeln darauf verteilen. Die Butter in Stücken daraufgeben und den Blätterteigkreis drauflegen. Die Tarte im Ofen auf der mittleren Schiene etwa 10 Minuten goldbraun backen.

3 Für den scharfen Dip das Thai-Basilikum waschen und trocken schütteln, die Blätter abzupfen und grob hacken. Die Chilischoten längs halbieren, entkernen, waschen und in feine Würfel schneiden. Den Joghurt mit saurer Sahne, Sweet-Chili-Sauce, Meersalz sowie Chiliwürfeln verrühren und das Basilikum untermischen.

4 Die Tarte auf eine Platte stürzen. Vorsicht, der Karamell ist sehr heiß! Daher zum Stürzen am besten einen passenden Deckel auf die Tarte legen und mithilfe des Deckels wenden. Die Schwarzwurzel-Tarte-Tatin in Stücke schneiden und mit dem scharfen Dip servieren.

Süßsaure Sobanudeln mit Galgant-Sesam-Sauce

Zutaten für 4 Personen

10 Frühlingszwiebeln
je 2 rote und gelbe Paprikaschoten
50 g Galgant (aus dem Asialaden;
ersatzweise Ingwer)
1 Mango
1 grüne Peperoni
200 g Sobanudeln (japan.
Buchweizennudeln, siehe Tipp)
Meersalz
50 g brauner Zucker
300 ml trockener Weißwein
5 EL Weißweinessig
2 EL schwarze Sesamsamen
3 EL Waldhonig
100 ml scharfe Pflaumensauce

1 Die Frühlingszwiebeln putzen, waschen und schräg in Ringe schneiden. Die Paprikaschoten längs halbieren, entkernen, waschen und in kleine Würfel schneiden. Den Galgant schälen und fein reiben. Die Mango schälen, das Fruchtfleisch auf den flachen Seiten vom Stein und dann in etwa 1/2 cm große Würfel schneiden. Die Peperoni längs halbieren, entkernen, waschen und in feine Würfel schneiden.

2 Die Sobanudeln nach Packungsanweisung in Salzwasser bissfest garen. Dann in ein Sieb abgießen und abtropfen lassen.

3 Inzwischen den Zucker in einer Pfanne hell karamellisieren. Mit dem Wein ablöschen und köcheln lassen, bis sich der Karamell wieder aufgelöst hat. Den Essig hinzufügen, etwa 1 Minute mitköcheln und mit Meersalz würzen.

4 Frühlingszwiebeln, Paprika und Galgant in den Sud geben und etwa 1 Minute mitköcheln. Die Mango hinzufügen und einmal aufkochen lassen. Peperoni, Sesam, Honig und Pflaumensauce untermischen. Die Sobanudeln mit der Galgant-Sesam-Sauce mischen und servieren.

Tipp: Sobanudeln sind Nudeln aus Buchweizen und ein fester Bestandteil in der japanischen Küche. Die braungrauen Nudeln, die in ihrer Form den Spaghetti ähneln, werden dort oft als Einlage in Brühen serviert. Besonders dekorativ sieht das Gericht aus, wenn man es noch mit Korianderblättchen und essbaren Blüten garniert.

Spaghetti mit Cranberry-Gemüse und Paranus-Petersilien-Pesto

Zutaten für 4 Personen

Für das Paranuss-Petersilien-Pesto:

30 g Paranusskerne
40 g Petersilienblätter
100 ml Olivenöl
5 EL Rapsöl
5 EL Walnussöl
1/2 kleine Knoblauchzehe
2 EL geriebener Parmesan
Meersalz

Für die Spaghetti:

4 kleine Schalotten
4 Frühlingszwiebeln
4 EL Cranberrys
12 Rosenkohlröschen
400 g Spaghetti
Meersalz
4 EL Olivenöl
200 ml Orangensaft
60 g kalte Butter
200 g Ziegenfrischkäse

1 Für das Paranuss-Petersilien-Pesto die Paranüsse in einer Pfanne ohne Fett rösten. Herausnehmen und abkühlen lassen. Die Petersilienblätter waschen und trocken schütteln. Paranüsse und Petersilie mit den Ölsorten, dem geschälten Knoblauch und dem Parmesan mischen, mit Meersalz würzen und alles im Blitzhacker oder mit dem Stabmixer pürieren.

2 Für die Spaghetti die Schalotten schälen und in feine Würfel schneiden. Die Frühlingszwiebeln putzen, waschen und in feine Ringe schneiden. Die Cranberrys waschen und trocken tupfen. Die Rosenkohlröschen putzen und die äußeren Blätter entfernen, den Strunk keilförmig herausschneiden und die einzelnen Blätter ablösen (siehe S. 193).

3 Die Spaghetti nach Packungsanweisung in reichlich kochendem Salzwasser bissfest garen. Inzwischen das Olivenöl in einer Pfanne erhitzen. Die Schalotten, die Frühlingszwiebeln und den Rosenkohl darin andünsten. Die Cranberrys dazugeben, mit 2 Prisen Meersalz würzen und den Orangensaft angießen. Das Cranberry-Gemüse etwa 3 Minuten dünsten, bis die Beeren leicht aufplatzen. Die kalte Butter in Würfel schneiden und nach und nach zur Sauce geben.

4 Die Spaghetti mit der Pastazange aus dem Kochwasser heben, nur kurz abtropfen lassen und mit dem Paranuss-Petersilien-Pesto mischen. Auf vorgewärmte Teller verteilen und jeweils etwas Cranberry-Gemüse darübergeben. Den Ziegenfrischkäse in Stücken darauf verteilen.

Tipp: Cranberrys sind sowohl für süße als auch salzige Gerichte geeignet. Getrocknete Cranberrys verfeinern beispielsweise Müslimischungen oder Kuchen und Gebäck. Frische Cranberrys verwende ich gerne, um herzhaften Gerichten eine feinsäuerliche Note zu verleihen.

Ravioli vom Brin d'amour mit Fenchel und Pinienkernen

Zutaten für 4 Personen

Für den Nudelteig:
250 g Mehl
4 Eigelb · 1 Ei
½ EL Weißweinessig
2 EL Olivenöl
Meersalz
Mehl für die Arbeitsfläche

Für den Fenchel:
140 g Fenchelknolle
ca. 2 TL Zitronensaft
Meersalz · Zucker
20 g Butter · 2 Tomaten

Für die Ravioli:
ca. 250 g Brin d'amour
(kors. Schafskäse; siehe Tipp S. 116)
2 Zweige Rosmarin
2 Zweige Thymian
Meersalz
20 g Nussbutter
(siehe S. 167, Step 3)
½ Knoblauchzehe

Für den Fenchelschaum:
4 EL Pernod
4 EL Noilly Prat (franz. Wermut)
110 ml Fenchelsaft (aus dem
Entsafter)
Meersalz

Außerdem:
ca. 2 EL Pinienkerne

1   Für den Nudelteig das Mehl in eine Schüssel geben. Die Eigelbe, das Ei, den Essig und 1 EL Olivenöl verrühren, mit 1 Prise Meersalz würzen und nach und nach mit dem Mehl zu einem glatten Teig verkneten. Teig zu einer Kugel formen, mit dem restlichen Öl einreiben, in Frischhaltefolie wickeln und im Kühlschrank 2 Stunden ruhen lassen.

2   Für den Fenchel den Fenchel schälen und mit dem Gemüsehobel in feine Scheiben hobeln. Mit Zitronensaft beträufeln, mit 1 TL Meersalz und ½ TL Zucker würzen und etwa 5 Minuten Wasser ziehen lassen. Die Tomaten waschen, vierteln und entkernen, dabei die Stielansätze entfernen. Die Tomatenviertel in Würfel schneiden. Die Butter in einem Topf erhitzen und den Fenchel darin kurz andünsten. Die Tomatenwürfel dazugeben und gegebenenfalls nochmals mit Salz und Zucker abschmecken.

3   Den Teig halbieren und mit der Nudelmaschine oder dem Nudelholz auf der bemehlten Arbeitsfläche zu etwa 1 bis 2 mm dünnen Bahnen ausrollen. Den Brin d'amour in 4 mm dicke Scheiben und dann in etwa 5 x 5 cm große Quadrate schneiden. Den Käse mit etwas Abstand zueinander auf eine Nudelbahn legen. Die zweite Teigbahn mit wenig Wasser bestreichen, darüberlegen und gut andrücken, sodass sich keine Luftbläschen bilden. Gleichmäßige Ravioli mit einem Rand von etwa ½ cm ausschneiden.

4   Den Rosmarin und den Thymian waschen und trocken schütteln. Reichlich Salzwasser in einem Topf aufkochen. Die Ravioli hineingeben, die Hitze reduzieren und die Ravioli etwa 40 Sekunden ziehen lassen. Die Nussbutter in einer Pfanne erhitzen und die Kräuter sowie den Knoblauch dazugeben. Die Ravioli mit dem Schaumlöffel herausheben, in die Pfanne geben und mit der Butter beträufeln.

5   Für den Fenchelschaum den Pernot und den Noilly Prat aufkochen. Den Fenchelsaft dazugeben und mit Meersalz würzen. Mit dem Stabmixer aufschäumen. Die Pinienkerne in einer Pfanne ohne Fett anrösten. Das Fenchelgemüse auf Teller verteilen und die Ravioli darauf anrichten. Den Fenchelschaum darüberträufeln und die Pinienkerne darüberstreuen. Nach Belieben mit Kräuterzweigen garnieren.

Tipp: Wer keinen Entsafter hat, kann einen Kräuterschaum zubereiten. Dafür einen sehr kräftigen Gemüsefond mit Butter binden und mit Kräutern nach Belieben (z.B. Basilikum, Thymian und Rosmarin) verfeinern. Oder Sie servieren die Ravioli mit dem Tomatensugo von S. 47.

Versunkener Zwetschgenkuchen mit Vanille und Zimtzucker

Zutaten für 4 Personen

Für den Belag:
1–1½ kg Zwetschgen
50 g Zucker
1 TL Zimtpulver

Für den Mürbeteig:
175 g Mehl
1 TL Backpulver
75 g Zucker
125 g weiche Butter
1 Eigelb
Mehl für die Arbeitsfläche

Für den Rührteig:
½ Vanilleschote
200 g weiche Butter
200 g Zucker
3 Eier (Zimmertemperatur)
200 g Dinkelmehl (Type 630)
2 TL Backpulver

Außerdem:
Butter für das Blech

1 Für den Belag die Zwetschgen waschen, vierteln und entsteinen. Den Backofen auf 200 °C vorheizen. Ein Backblech mit Butter einfetten.

2 Für den Mürbeteig das Mehl auf die Arbeitsfläche geben und mit dem Backpulver mischen. Zucker, Butter und Eigelb dazugeben und alles zu einem glatten Teig verkneten. Teig zu einer Kugel formen, in Frischhaltefolie wickeln und mindestens 30 Minuten in den Kühlschrank legen.

3 Dann den Teig auf der bemehlten Arbeitsfläche zu einem Rechteck in Größe des Backblechs ausrollen und auf das Blech legen. Den Mürbeteig im Ofen auf der mittleren Schiene 10 bis 12 Minuten vorbacken. Herausnehmen (den Ofen eingeschaltet lassen) und auf dem Blech abkühlen lassen.

4 Für den Rührteig die Vanilleschote längs aufschneiden und das Mark mit einem spitzen Messer herauskratzen. Die Butter mit Zucker und Vanillemark cremig rühren. Die Eier nach und nach dazugeben und unterrühren. Das Dinkelmehl mit dem Backpulver mischen, auf die Butter-Eier-Masse sieben und rasch unterrühren.

5 Den Rührteig auf dem Mürbeteig gleichmäßig verstreichen. Die Zwetschgen mit den Schnittflächen nach oben nebeneinander auf den Teig legen und dabei leicht eindrücken. Den Kuchen im Ofen auf der mittleren Schiene etwa 45 Minuten goldbraun backen.

6 Den Zucker mit dem Zimt mischen und den noch heißen Kuchen damit bestreuen. Den Zwetschgenkuchen lauwarm oder kalt servieren.

Tipp: Dieses köstliche Kuchenrezept ist von meiner Schwiegermama – danke, Lisa! Außerhalb der Zwetschgensaison backe ich den Kuchen auch mit Zwetschgen aus dem Glas oder – besser noch – selbst eingelegten Zwetschgen. Wichtig: Das Obst vorher gut abtropfen lassen. Probieren Sie das Rezept auch mal mit frischen Johannisbeeren, Kirschen oder Äpfeln.

Topfenschmarren
mit Madeirazwetschgen

Zutaten für 4 Personen

Für die Madeirazwetschgen:
100 g Zucker · ½ TL Speisestärke
350 ml Madeira (port. Likörwein)
1 Zimtstange · 3 Pimentkörner
20 Zwetschgen

Für den Topfenschmarren:
60 g Mandelblättchen
280 g Topfen (siehe Tipp)
3 Eier · 1 TL Speisestärke (ca. 5 g)
30 g Mehl · 3 Spritzer Zitronensaft
abgeriebene Schale von
1 Bio-Zitrone
9 Eiweiß · 100 g Zucker
50 g Butter
40 g Puderzucker

1 Für die Madeirazwetschgen den Zucker in einem Topf goldgelb karamellisieren. Die Speisestärke mit 2 EL Madeira glatt rühren. Den Karamell mit dem restlichen Madeira ablöschen und köcheln lassen, bis sich der Karamell wieder aufgelöst hat. Die aufgelöste Speisestärke mit Zimt und Pimentkörnern hinzufügen und den Madeirasud etwa 5 Minuten köcheln lassen.

2 Die Zwetschgen waschen, halbieren und entsteinen. Die Zwetschgen in den Madeirasud geben, aufkochen und auf der ausgeschalteten Herdplatte ziehen lassen.

3 Für den Topfenschmarren den Backofen auf 170 °C (Umluft) vorheizen. Die Mandelblättchen in einer Pfanne ohne Fett goldbraun rösten. Den Topfen mit ganzen Eiern, Speisestärke, Mehl, Zitronensaft und -schale verrühren. Nach Belieben mit 1 EL altem Rum aromatisieren. Die Eiweiße zu steifem Schnee schlagen, dabei nach und nach den Zucker einrieseln lassen. Eischnee vorsichtig unter die Quarkmasse heben.

4 Die Butter in einer großen ofenfesten Pfanne zerlassen, die Quarkmasse darin verteilen und bei schwacher Hitze etwa 4 Minuten anbacken. Dann die Pfanne in den Ofen auf die mittlere Schiene stellen und die Masse 10 bis 15 Minuten stocken lassen.

5 Den Schmarren aus dem Ofen nehmen, in der Pfanne mit zwei Gabeln in Stücke zupfen und mit den Mandelblättchen und dem Puderzucker bestreuen. Den Schmarren auf dem Herd bei mittlerer Hitze rundum karamellisieren. Den Topfenschmarren mit den Madeirazwetschgen anrichten.

Tipp: Topfen kommt ursprünglich aus Österreich. Er ist ein »abgetropfter« Quark und hat deshalb eine wesentlich festere, cremigere Konsistenz als handelsüblicher Quark. Ersatzweise können Sie auch etwa 320 g Speisequark nehmen. Diesen dann am besten über Nacht auf einem Sieb abtropfen lassen (siehe S. 167).

Feigengratin mit Balsamico-Eis

Zutaten für 4 Personen

Für das Balsamico-Eis:
300 ml Aceto balsamico
1/2 Vanilleschote
350 g Sahne
5 Eigelb
120 g Zucker

Für das Feigengratin:
1 Vanilleschote
120 g Crème fraîche
80 g Topfen (ersatzweise ca. 100 g
Speisequark; siehe Tipp S. 184)
20 g Maisstärke
2 Eier
70 g Zucker
Salz
8 Feigen

1 Für das Balsamico-Eis den Essig in einem Topf auf die Hälfte einköcheln lassen. Die Vanilleschote längs aufschneiden und das Mark mit einem spitzen Messer herauskratzen. Die Sahne mit dem Vanillemark in einem zweiten Topf aufkochen. Die Eigelbe mit dem Zucker in einer Metallschüssel hellschaumig aufschlagen.

2 Den Essig und die kochend heiße Sahne nach und nach unter Rühren hinzufügen. Die Eiersahne im heißen Wasserbad etwa 10 Minuten erhitzen, dabei mit einem flexiblen Teigschaber ruhig, aber beständig von der Schüsselwand wegrühren (das nennt man »zur Rose abziehen«). Die Eiersahne dabei auf etwa 80 °C erhitzen. Die Masse nach Belieben durch ein Sieb gießen und abkühlen lassen. Anschließend in der Eismaschine zu einem cremigen Eis gefrieren lassen (alternativ siehe Tipp). Bis zum Servieren in das Tiefkühlfach stellen.

3 Für das Feigengratin die Vanilleschote längs aufschneiden und das Mark herauskratzen. Crème fraîche mit Topfen, Maisstärke und Vanillemark in einer Schüssel verrühren. Die Eier in einer zweiten Schüssel mit dem Zucker und 1 Prise Salz schaumig rühren. Die Quarkmasse unterrühren.

4 Den Backofengrill auf 200 °C vorheizen. Die Feigen waschen, trocken tupfen und vierteln, dabei die Stielansätze entfernen. Die Feigen in eine ofenfeste Form geben und die Quarkcreme darauf verteilen. Das Feigengratin im Ofen auf der mittleren Schiene 5 bis 10 Minuten goldbraun gratinieren. Aus dem Ofen nehmen, in Stücke schneiden und mit dem Balsamico-Eis servieren.

Tipp: Wer gerne selbst gemachtes Eis isst, für den lohnt sich die Anschaffung einer Eismaschine. Alle anderen müssen natürlich nicht auf den Genuss von eigenem Eis verzichten, aber etwas mehr Handarbeit leisten: Damit das Eis schön cremig wird, sollte man anfangs alle 10 Minuten mit dem Schneebesen, später dann – wenn es bereits angefroren ist – mit einem Löffel gut durchrühren.

Tarte Tatin
mit Chili-Eis und Sabayon

Zutaten für 4 Personen

Für das Chili-Eis:
250 g Sahne
¼ l Milch
5 Eigelb
120 g Zucker
1 rote Chilischote

Für die Tarte Tatin:
1 Platte Blätterteig
(ca. 25 x 42 cm;
aus dem Kühlregal)
4 Äpfel
200 g Zucker
20 g kalte Butter

Für das Sabayon:
2 Eier
2 EL Zucker
5 EL trockener Weißwein

1   Für das Chili-Eis die Sahne mit der Milch in einem Topf aufkochen. Die Eigelbe mit dem Zucker in einer Metallschüssel hellschaumig aufschlagen. Nach und nach die kochend heiße Sahne unter Rühren hinzufügen. Die Eiermilch im heißen Wasserbad etwa 10 Minuten erhitzen, dabei mit einem flexiblen Teigschaber ruhig, aber beständig von der Schüsselwand wegrühren (das nennt man »zur Rose abziehen«). Die Eiermilch dabei auf etwa 80 °C erhitzen. Die Masse nach Belieben durch ein Sieb gießen.

2   Die Chilischote längs halbieren, entkernen, waschen und etwa 1 Stunde in der Eismasse ziehen lassen. Dann die Chilischote wieder entfernen und die Masse in der Eismaschine zu einem cremigen Eis gefrieren lassen (alternativ siehe Tipp S. 185). Bis zum Servieren in das Tiefkühlfach stellen.

3   Für die Tarte Tatin den Backofen auf 180 °C (Umluft) vorheizen. Aus dem Blätterteig mithilfe einer Tarteform (24 cm Durchmesser) einen Kreis ausschneiden. Die Äpfel vierteln, schälen und die Kerngehäuse entfernen. Die Viertel in dünne Scheiben schneiden.

4   Den Zucker in einem Topf bei mittlerer Hitze karamellisieren. Den Karamell in die Tarteform gießen. Die Apfelscheiben fächerartig auf den Karamell legen. Die Butter in Stückchen darauf verteilen und den Blätterteig darauflegen. Die Tarte im Ofen auf der mittleren Schiene etwa 10 Minuten goldbraun backen.

5   Für das Sabayon die Eier mit dem Zucker und dem Wein in eine Metallschüssel geben und mit dem Schneebesen im heißen Wasserbad schaumig schlagen.

6   Die Tarte aus dem Ofen nehmen und ein paar Minuten ruhen lassen. Dann auf eine Platte stürzen. Vorsicht, der Karamell ist sehr heiß! Daher zum Stürzen am besten einen passenden Deckel auf die Tarte legen und mithilfe des Deckels wenden. Die Tarte Tatin in 4 Stücke schneiden, jeweils mit 1 Nocke Chili-Eis und etwas Sabayon anrichten.

Tipp: Dekorativ sehen auch Tartelettes aus. Dafür nehme ich am liebsten Gusseisenpfännchen. Das hat den Vorteil, dass ich den Zucker direkt in den Pfännchen karamellisieren kann. Und wenn die Äpfel nach dem Backen viel Saft gezogen haben, stelle ich die Pfännchen einfach noch kurz auf den Herd und lasse die Flüssigkeit bei schwacher Hitze verdunsten. Natürlich können Sie auch andere ofenfeste Förmchen nehmen.

Winter

Winter

Der Winter ist sicherlich für jeden Koch die schwierigste Jahreszeit. Das Füllhorn der Natur ist versiegt, die Felder liegen brach, der Frost hält die Welt gefangen, und man muss mit dem wenigen leben, was man jetzt noch frisch bekommt. Dadurch wird der Winter für jeden Koch aber auch zur spannendsten Jahreszeit.

Denn nun muss er zeigen, was wirklich in ihm steckt. Mit einem vollen Gemüsekorb zu kochen ist keine Kunst. Die wahre Meisterschaft zeigt sich erst, wenn er fast leer ist. In diesem Kapitel zeige ich, wie man aus sehr wenig sehr viel machen kann, aus Grünkohl und Rosenkohl, Roter Bete und Topinambur. Und ich bin sicher, dass ich jeden überzeugen kann: Selbst im Winter kommt man mit Gemüse wunderbar über die Runden, ohne auf Genuss verzichten zu müssen.

Ich bin zwar ein Sommertyp, aber ich mag auch den Winter sehr – nicht nur, weil ich mich dann mit meinem geliebten Snowboard in den Bergen austoben kann. Er ist nämlich für mich die beste Gelegenheit, um den Respekt vor dem Essen wiederzuerlangen. Jetzt ist jedes Gemüse eine Rarität und deswegen besonders kostbar, jetzt wird aus jeder Wurzel ein Schatz, der nur gehoben werden muss.

Meine Kreativität wurde in keinem anderen Kapitel stärker gefordert als in diesem. Die Rezepte zu kreieren war für mich wie ein Schaffensrausch. Nach langem Grübeln hatte ich zum Beispiel die Idee, ein Winter-Gazpacho mit Feldsalat-Pecorino-Creme und Sauerteigbrot auszuprobieren – und diese Adaption eines typischen Sommergerichts funktioniert tatsächlich wunderbar. Oder das Dinkelpfannküchle mit Anismöhren und Blutorangen-Vinaigrette: Das schmeckt so frisch und lebendig, dass man die ganze Düsternis des Dezembers sofort vergisst. Und dann erst das Sellerie-Maronen-Gratin mit Radicchiosalat, das ist meine ganz persönliche Eisprinzessin unter den Wintergerichten. Wenn ich ihren Duft in der Nase habe, vergesse ich sogar fast meine Sehnsucht nach dem Frühling. Ich kann nur jedem empfehlen: Kocht euch mit meinen Rezepten im Winter euer eigenes Süppchen – und ihr werdet das Glück am Gaumen spüren!

Rotkohl

Kaum ein anderes Gemüse harmoniert mit Obst so fantastisch wie Rotkohl. Ich möchte fast sagen, dass dem Rotkohl etwas fehlt, wenn er nicht mit einer fruchtigen Note kombiniert wird. Nicht umsonst kommt das klassische Blaukraut mit Äpfeln daher. Aber es muss nicht immer Apfel sein, zu Rotkohl passt vielerlei Obst wie Birne, Mango oder Feige (siehe Kasten unten). Für die Optik ist es außerdem wichtig, beim Garen immer etwas Saures – Essig oder Zitronensaft – zuzugeben, da Rotkohl sonst seine schöne Farbe verliert und grau wird.

Und so schmeckt's mir am besten

Rotkohl gehört in der kalten Jahreszeit natürlich einfach dazu. Ich mag es besonders, wenn dieses traditionelle Gemüse einen Hauch Exotik bekommt und an frostigen Wintertagen auch ein bisschen an Sonne und Meer erinnert. Daher hoble ich den Rotkohl am liebsten in feine Streifen, brate ihn in Rapsöl an und gebe entweder frische Mangowürfel oder in Stücke geschnittene, frische Feigen dazu. Tolle Kombinationen! Mit Salz würzen und zum Abrunden noch ein Stückchen Butter darin schmelzen lassen. Ein Traum!

Die inneren Werte: Verantwortlich für die Farbe des Rotkohls sind Anthocyane, die wasserlöslich sind und somit auch ordentlich abfärben. Diese sekundären Pflanzenstoffe wirken antioxidativ und entzündungshemmend. Rotkohl enthält besonders viel Vitamin C und K. Er ist zudem ballaststoffreich, was aber auch schon mal zu Verdauungsproblemen führen kann.

Jetzt zugreifen: Viele meinen ja, Rotkohl gäbe es nur im Winter. Da hat er zwar seine Hauptsaison, das aber auch nur, weil er so gut zu deftig-winterlichen Braten passt. Und vielleicht auch, weil es zu dieser Zeit sonst nicht viel gibt und sich der Winterrotkohl lange lagern lässt. Aber Rotkohl ist eigentlich immer erhältlich, denn schon ab Mai wird der sogenannte Frühkohl geerntet. Weitere Ernten folgen im Sommer, Herbst und Winter.

Für gut ausgestattete Küchenkünstler: Ich mag Rotkohl gerne »sous vide«, also im Vakuum gegart (siehe Rezept S. 212). Ein optisches Highlight ist Rotkohlsuppe. Dafür den Rotkohl entsaften, den Saft reduzieren lassen und würzen. Alternativ kann man auch klein geschnittenen, gegarten Rotkohl mit etwas Flüssigkeit (Brühe/Sahne) pürieren, doch dann wird die Konsistenz nicht so schön homogen.

Rosenkohl

Ich koche Gemüse grundsätzlich nicht, aber als allerletztes würde ich es mit Rosenkohl tun. Kein Wunder, dass er nicht gerade zu den beliebtesten Gemüsesorten gehört, denn beim Kochen wird er entsetzlich fade. Rosenkohl ist noch ein relativ »neues« Gemüse. Erst im 19. Jahrhundert hat es sich in Europa verbreitet. Und die richtige Zubereitungsmethode muss man erst herausfinden. 200 Jahre lang wurde er in heißes Wasser geworfen, doch heute wissen wir: Es geht auch anders – und viel besser (siehe unten)!

Die inneren Werte: Rosenkohl ist mit seinem Gehalt an Vitamin C einer der Spitzenreiter unter den Kohlsorten. Neben vielen Mineral- und Ballaststoffen enthalten die Mini-Kohlköpfe noch nennenswerte Mengen Vitamin A und Vitamin B_2.

Jetzt zugreifen: Manche stört ja vor allem das bittere Aroma der kleinen Röschen. Durch neuere Züchtungen ist das schon deutlich zurückgegangen. Wichtig ist aber auch, dass der Rosenkohl schon die ersten frostigen Nächte gesehen hat. Ähnlich wie beim Grünkohl erhöht sich hierdurch der Zuckeranteil, und der Geschmack geht vom Herben ins Süßliche. Ab Oktober/November ist also Rosenkohl angesagt.

So bleibt's länger frisch: Rosenkohl kann man nicht lange aufbewahren. Zwei, drei Tage in einer Papiertüte im Kühlschrank, dann sollte man ihn aufbrauchen, sonst wird er welk.

Für praktisch veranlagte Köche mit wenig Zeit: Anstatt die Rosenkohlröschen in einzelne Blätter zu teilen (siehe unten), kann man sie auch mit dem Gemüsehobel in dünne Scheiben hobeln und dann anbraten. Das geht schneller, der Kohl schmeckt aber auch wieder ein bisschen herber.

Und so schmeckt's mir am besten

Damit schaffe ich es, selbst den größten Rosenkohl-Verächter zu bekehren: Ich gare die kleinen Röschen nicht im Ganzen, wie allgemein üblich, sondern zupfe sie in die einzelnen Blätter. Dann 1 Schalotte schälen und in feine Würfel schneiden. Etwas Butter in einer Pfanne erhitzen und die Rosenkohlblätter zusammen mit den Schalottenwürfeln 4 bis 5 Minuten darin andünsten. So werden die Rosenkohlblätter einfach wunderbar fein und frisch und haben nichts mehr von dem bitteren und muffigen Kohlgeschmack, den viele nicht mögen.

Rote Bete

Das dunkle, intensive Purpur und das herrlich erdig-süßliche Aroma von frischen Roten Beten ist unvergleichlich. Die meisten kennen Rote Bete vor allem vorgegart und vakuumverpackt aus dem Supermarkt. Wenn die Knollen von einem guten Hersteller kommen und sich keine Palette von Zusatzstoffen unter den »Zutaten« findet, können sie zur Not schon mal ein schneller Ersatz sein. Aber leider sind sie oft etwas verkocht, und auch geschmacklich kommen sie nicht an frische Rote Bete heran. Für mich ist vorgegarte Rote Bete daher keine Alternative!

Und so schmeckt's mir am besten

Ich mag die roten Knollen am liebsten, nachdem sie auf einem Backblech auf einem Häufchen Meersalz im Ofen bei 180 °C etwa 1 Stunde gegart wurden. Dann schälen, in Scheiben schneiden, mit etwas Salz bestreuen und mit Ziegenfrischkäse oder Ziegenquark servieren. Etwas ausgefallener, aber ebenfalls sehr lecker und genauso einfach ist ein Sorbet aus Roten Beten: Die im Ofen gegarten Knollen mit etwas Läuterzucker und Zitronensaft pürieren und anschließend in der Eismaschine zu einem cremigen Sorbet gefrieren lassen.

Die inneren Werte: E162 – wenn Sie diese Nummer auf der Verpackung eines Lebensmittels finden, müssen Sie es nicht gleich wieder aus der Hand legen. Denn es handelt sich um nichts anderes als den in Roten Beten enthaltenen Farbstoff Betain, der Zellen und Gefäße schützen soll. Rote Bete liefert außerdem unter anderem B-Vitamine, Folsäure, Kalium und Eisen.

Der richtige Umgang: Ich gare Rote Bete immer im Ofen, am liebsten auf einem Salzbett (siehe links). Man kann sie natürlich auch kochen, dann ebenfalls erst nach dem Garen schälen.

Beim Einkauf beachten: Neben den Roten gibt es auch Weiße und Gelbe Beten, die sich im Geschmack kaum unterscheiden. Unabhängig von der Farbe, sollten die Beten eine unverletzte Schale haben und nicht zu groß sein.

So bleibt's länger frisch: Rote Bete kann gut gelagert werden, am besten an einem kühlen, trockenen und dunklen Ort. An dieser Stelle wird gerne ein Kellerraum mit den entsprechenden Bedingungen empfohlen. Aber wer hat so was heute schon noch? Das Gemüsefach Ihres Kühlschranks tut es auch, dort halten sich die frischen Knollen ein, zwei Wochen.

Topinambur

Ich erlebe in meinem Restaurant immer wieder, dass Gäste uns fragen, was denn dieser Topinambur auf der Speisekarte sei. Viele haben noch nie davon gehört – und da möchte ich gerne Abhilfe schaffen. Denn Topinambur ist eine wahre Perle unter den Gemüsen. Oft wird er mit Kartoffeln verglichen, doch roh ähnelt er im Geschmack mehr den Artischocken, gegart setzt sich dann sein süßliches, nussiges Aroma durch.

Die Wurzeln der Wurzel: Topinambur ist in Amerika beheimatet, im 17. Jahrhundert fand die Knolle ihren Weg nach Frankreich und wurde hier nach dem Indianerstamm »Tupinambá« getauft. Er etablierte sich in Europa schnell als beliebtes Nahrungsmittel, fiel aber schließlich – wie die Pastinake – dem Siegeszug der Kartoffel zum Opfer und geriet in Vergessenheit.

Anbau im eigenen Garten: Topinambur entwickelt nicht nur eine schmackhafte Knolle, sondern auch sehr hübsche, gelb leuchtende Blüten – er ist schließlich eine Sonnenblumenart. Außerdem ist er ziemlich anspruchslos, denn er wächst fast auf jedem (idealerweise leicht sandigem) Boden. Zudem ist er pflegeleicht. Der Anbau scheint also lohnend und soll deswegen auch im Garten in Rosenheim unser nächstes Projekt sein.

Die inneren Werte: Topinambur enthält, wie Schwarzwurzeln, anstelle von Stärke Inulin. Deswegen ist er auch als »Kartoffel der Diabetiker« bekannt, denn Inulin ist ein Mehrfachzucker, der den Insulinspiegel nicht so hoch steigen lässt.

Und auch das noch: Die Knollen werden zur Inulinproduktion genutzt, außerdem kann Sirup oder Saft daraus hergestellt werden. In Baden wird aus Topinambur ein Schnaps gebrannt, der als »Topi«, »Rossler« oder »Erdäpfler« bekannt ist.

Und so schmeckt's mir am besten

Topinambur ist eines meiner absoluten Lieblingsgemüse! Die ingwerähnlichen Wurzeln sind äußerst vielseitig, und man kann sie super mit nussigen und fruchtigen Aromen kombinieren – und sogar mit Vanille. Am liebsten hoble ich den geschälten Topinambur in dünne Scheiben und dünste diese mit einigen Schalottenwürfeln in etwas Butter an. Zum Schluss mische ich dann geröstete Mandelblättchen unter und am besten noch in weißen Portwein eingelegte, helle kernlose Trauben (siehe Rezept S. 196).

Topinambursüppchen mit Mandeln, Trauben und Steinpilzen

Zutaten für 4 Personen

Für die eingelegten Trauben:
24 helle, kernlose Trauben
100 ml weißer Portwein

Für die Topinambursuppe:
400 g Topinambur
3 Schalotten
20 g Butter
Meersalz
160 ml trockener Weißwein
440 ml Milch

Für die Steinpilze:
4 Steinpilze (oder Kräuterseitlinge)
2 Schalotten
2 EL Rapsöl
Meersalz
1 EL Butter
8 Mandeln (geschält)
1 Stiel Petersilie

1   Am Vortag für die eingelegten Trauben die Trauben waschen, von den Stielen zupfen, trocken tupfen und über Nacht in dem Portwein einlegen.

2   Am nächsten Tag für die Topinambursuppe den Topinambur schälen und sofort in kaltes Wasser legen, damit er sich nicht verfärbt. Die Schalotten schälen und in feine Ringe schneiden. Die Butter in einem Topf erhitzen und die Schalotten darin glasig dünsten.

3   Den Topinambur in feine Scheiben schneiden, zu den Schalotten geben und etwa 5 Minuten mitdünsten, er sollte dabei keine Farbe annehmen. Mit Meersalz würzen und mit dem Wein ablöschen. Dann mit geschlossenem Deckel bei schwacher Hitze etwa 15 Minuten garen.

4   Die Milch zum Topinambur gießen und einmal aufkochen. Gegebenenfalls noch mit etwas Salz abschmecken. Alles im Küchenmixer oder mit dem Stabmixer fein pürieren, nach Belieben durch ein feines Sieb streichen und nochmals abschmecken. Die Suppe warm halten.

5   Für die Steinpilze die Steinpilze putzen und, falls nötig, mit Küchenpapier trocken abreiben. Die Stiele etwas abschneiden und den Abschnitt in $1/2$ cm große Würfel schneiden. Die ganzen Steinpilze längs in Scheiben schneiden. Die Schalotten schälen und in feine Würfel schneiden.

6   Das Öl in einer Pfanne erhitzen und die Pilzscheiben darin bei mittlerer Hitze auf beiden Seiten 2 Minuten hellbraun anbraten. Mit Meersalz würzen. Die Butter in einer weiteren Pfanne erhitzen, die Steinpilzstielwürfel darin mit den Schalottenwürfeln, den Mandeln und den eingelegten Trauben (gegebenenfalls abtropfen lassen) bei mittlerer Hitze 2 Minuten andünsten. Mit Meersalz würzen. Die Petersilie waschen und trocken tupfen, die Blätter abzupfen und in feine Streifen schneiden.

7   Das Topinambursüppchen in vorgewärmte Schälchen oder tiefe Teller verteilen. Die Petersilie unter die Steinpilzscheiben mischen und diese mit den Pilzwürfeln, Trauben und Mandeln mittig auf die Suppe geben oder separat dazu anrichten. Die Suppe nach Belieben mit Feldsalat garnieren.

Sauerkrautsüppchen mit Birnenkompott

Zutaten für 4 Personen

Für das Birnenkompott:

1 große Birne · 40 g Zucker
60 ml Balsamico bianco
je 2 Zweige Rosmarin und Thymian
60 ml weißer Portwein
50 g Butter · 4 EL Honig

Für die Sauerkrautsuppe:

1 Zwiebel
500 g Sauerkraut
25 g Butter · Meersalz
2 Gewürznelken
2 Lorbeerblätter
1 Zimtstange
200 ml trockener Weißwein
400 g Sahne
200 ml Apfelsaft
ca. 300 ml Milch

1 Für das Birnenkompott die Birne schälen und das Kerngehäuse entfernen. Die Birne in kleine Würfel schneiden. Den Zucker in einer Pfanne karamellisieren und mit dem Essig ablöschen. Den Rosmarin und den Thymian waschen, trocken tupfen und mit dem Portwein dazugeben. Die Flüssigkeit auf die Hälfte einkochen lassen. Die Birnenwürfel dazugeben, einmal aufkochen und die Butter in Stückchen hinzufügen. Den Honig untermischen und den Rosmarin- und Thymianzweig wieder entfernen. Das Birnenkompott abkühlen lassen.

2 Für die Sauerkrautsuppe die Zwiebel schälen und in Streifen schneiden. Das Sauerkraut in einem Sieb abbrausen und gut abtropfen lassen. Die Butter in einem Topf erhitzen und die Zwiebelstreifen darin glasig dünsten. Das Sauerkraut dazugeben und leicht mit Meersalz würzen. Die Gewürze hinzufügen, mit dem Wein ablöschen und 10 Minuten köcheln lassen.

3 Die Sahne zum Sauerkraut gießen und so mit Meersalz abschmecken, dass die Flüssigkeit immer angenehm salzig schmeckt. Das Kraut etwa 30 Minuten leicht köcheln lassen. Dann den Apfelsaft hinzufügen und alles im Küchenmixer oder mit dem Stabmixer fein pürieren. So viel Milch untermixen, dass die Suppe die gewünschte Konsistenz erreicht. Nochmals abschmecken.

4 Das Sauerkrautsüppchen in vorgewärmte tiefe Teller verteilen und je 1 bis 2 TL Birnenkompott in die Mitte setzen. Die Suppe sofort servieren.

Tipp: Das Birnenkompott schmeckt auch lecker als Begleiter zu Käse, z.B. zu einem kräftigen Bergkäse.

Winter-Gazpacho mit Feldsalat-Pecorino-Creme und Sauerteigbrot

Zutaten für 4 Personen

Für den Winter-Gazpacho:
3 Petersilienwurzeln
3 Kerbelwurzeln
5 gelbe Möhren
3 Möhren
2 Orangen
2 Äpfel
1 Knoblauchzehe
10 g Ingwer
4 EL Olivenöl
400 ml Kefir
200 ml Rote-Bete-Saft
1 EL Honig
Meersalz

Für die Feldsalat-Pecorino-Creme:
300 g Feldsalat
50 g Cashewkerne
50 g Frischkäse
50 g geriebener Pecorino
50–100 ml Gemüsebrühe
Meersalz
1–2 EL Weißbrotbrösel

Außerdem:
4 Scheiben Sauerteigbrot

1 Für den Winter-Gazpacho die Petersilien- und Kerbelwurzeln sowie die beiden Möhrensorten putzen, schälen und in Scheiben schneiden. Die Orangen so großzügig schälen, dass auch die weiße Haut mit entfernt wird. Die Orangenfilets aus den Trennhäuten schneiden. Die Äpfel vierteln, schälen und die Kerngehäuse entfernen. Den Knoblauch schälen. Den Ingwer schälen und fein reiben.

2 Alle Gemüsesorten, die Orangenfilets, die Äpfel, Knoblauch und Ingwer mit dem Olivenöl, dem Kefir und dem Rote-Bete-Saft im Küchenmixer pürieren. Winter-Gazpacho mit dem Honig und Meersalz abschmecken und in Schälchen verteilen.

3 Für die Feldsalat-Pecorino-Creme den Feldsalat verlesen, waschen und trocken schleudern. Die Cashewkerne in einer Pfanne ohne Fett goldbraun rösten.

4 Den Frischkäse mit Feldsalat, Cashewkernen und Pecorino in einem hohen Rührbecher mit dem Stabmixer oder im Küchenmixer pürieren. Nach und nach die Brühe dazugeben, bis eine cremige Konsistenz entsteht. Die Creme mit Meersalz abschmecken und die Brotbrösel untermischen.

5 Die Feldsalat-Pecorino-Creme in einen Spritzbeutel füllen und auf den Brotscheiben verteilen. Die Brote zu dem Winter-Gazpacho servieren.

Tipp: Wer keinen Schafskäse mag, kann anstelle von Pecorino auch Parmesan oder Grana Padano verwenden.

Vegetarische »Bouillabaisse« mit Rouille - Ravioli

Zutaten für 4 Personen

Für den Nudelteig:
250 g Mehl
4 Eigelb · 1 Ei
1/2 EL Weißweinessig
je 10 gehackte Basilikum- und
Petersilienblätter
2 EL Olivenöl · Meersalz
Mehl für die Arbeitsfläche

Für die Füllung:
1/4 Knoblauchzehe · 1 Eigelb
1 TL heller Essig
1 TL Dijon-Senf
Meersalz · 160 ml Öl
60 g Weißbrot
1 rote Paprikaschote
1 rote Chilischote

Für die »Bouillabaisse«:
250 g Schalotten
2 Knoblauchknollen
1 rote Paprikaschote
1 gelbe Paprikaschote
250 g Staudensellerie
1 Fenchelknolle · 1/2 Stange Lauch
300 g reife Tomaten
1/2 Bio-Zitrone
5 EL Olivenöl · Meersalz
1/2 l trockener Weißwein
1/4 l Noilly Prat (franz. Wermut)
100 ml Pernod (franz. Anisée)
11/2 l Gemüsebrühe
2 Sternanis · 10 Safranfäden
10 Fenchelsamen

1   Für den Nudelteig das Mehl in eine Schüssel geben. Eigelbe, Ei, Essig, Kräuter und 1 EL Olivenöl verrühren, mit 1 Prise Meersalz würzen und nach und nach mit dem Mehl zu einem glatten Teig verkneten. Den Teig zu einer Kugel formen, mit dem restlichen Öl einreiben, in Frischhaltefolie wickeln und im Kühlschrank 2 Stunden ruhen lassen.

2   Inzwischen für die Füllung den Knoblauch in feine Würfel schneiden. Mit Eigelb, Essig und Senf in einer Schüssel mit den Quirlen des Handrührgeräts verrühren. Mit Meersalz würzen. Das Öl zunächst tropfenweise, dann in dünnem Strahl unterrühren.

3   Das Weißbrot im Blitzhacker fein zermahlen. Die Paprika- und die Chilischote längs halbieren, entkernen, waschen und in feine Würfel schneiden. Beides mit den Weißbrotbröseln unter die Rouille mischen und mit Meersalz abschmecken. Kühl stellen.

4   Für die »Bouillabaisse« die Schalotten und den Knoblauch schälen. Die Paprikaschoten längs halbieren, entkernen und waschen. Sellerie, Fenchel und Lauch putzen und waschen. Die Tomaten waschen. Das Gemüse in etwa 2 cm große Stücke schneiden. Die Zitrone heiß waschen, trocken reiben und mit dem Sparschäler dünn schälen.

5   Das Olivenöl in einem Topf erhitzen. Schalotten und Knoblauch darin hellbraun dünsten. Restliches Gemüse dazugeben, mit Meersalz würzen und etwa 5 Minuten dünsten. Dann mit dem Wein, dem Noilly Prat und dem Pernod ablöschen und etwa 1 Minute köcheln lassen. Die Brühe, die Zitronenschale und die Gewürze dazugeben und alles etwa 15 Minuten leicht köcheln lassen. Die »Bouillabaisse« durch ein feines Sieb gießen, den Fond auffangen. Das Gemüse anderweitig verwenden (siehe Tipp S. 141) Den Fond gegebenenfalls noch etwas einköcheln lassen und abschmecken.

6   Den Teig halbieren und mit der Nudelmaschine oder dem Nudelholz zu etwa 1 bis 2 mm dünnen Bahnen ausrollen. Die Rouille in einen Spritzbeutel geben und etwa walnussgroße Tupfen auf eine Nudelbahn spritzen, dabei etwa 5 cm Platz dazwischen lassen. Die zweite Teigbahn mit wenig Wasser bestreichen, darüberlegen und gut andrücken, sodass sich keine Luftbläschen bilden. Gleichmäßig große Ravioli ausschneiden.

7   In einem großen Topf reichlich Salzwasser aufkochen. Ravioli hineingeben, die Hitze reduzieren und die Ravioli etwa 30 Sekunden ziehen lassen. Mit dem Schaumlöffel herausheben und kurz abtropfen lassen. »Bouillabaisse« in tiefe Teller verteilen und die Ravioli darin anrichten oder mit Olivenöl und Aceto balsamico beträufelt dazu servieren.

Linsensuppe mit Curry, Zitronenconfit und Pappadam

Zutaten für 4 Personen

Für das Zitronenconfit:
1¹/₂ Bio-Zitronen (ca. 130 g)
Saft von ¹/₂ Zitrone
150 ml trockener Weißwein
100 g Zucker

Für die Linsensuppe:
60 g Schalotten
3 EL Öl
1 TL Madras-Currypulver
70 g rote Linsen
5 EL trockener Weißwein
400 ml Gemüsebrühe
200 ml Milch
300 g Sahne
Meersalz

Außerdem:
getrocknete Tomatenflakes
(Fertigprodukt)
4 Pappadams (aus dem Asialaden)

1   Für das Zitronenconfit den Backofen auf 80 °C (Umluft) vorheizen. Die Zitronen heiß waschen, trocken reiben und vierteln, dabei die Kerne entfernen. Die Zitronenviertel mit der Schale in feine Scheiben schneiden, mit dem Zitronensaft, dem Wein und dem Zucker in einer ofenfesten Form mischen und die Zitronen im Ofen auf der mittleren Schiene 2 Stunden backen.

2   Inzwischen für die Linsensuppe die Schalotten schälen und in feine Würfel schneiden. Das Öl in einer Pfanne erhitzen und die Schalotten darin andünsten. Das Currypulver dazugeben und kurz anrösten. Die Linsen unterrühren und kurz andünsten. Dann mit dem Wein ablöschen, die Brühe angießen und 15 Minuten köcheln lassen. Die Milch und die Sahne unterrühren, alles mit dem Stabmixer fein pürieren und mit Meersalz abschmecken.

3   Die Zitronenscheiben aus dem Ofen nehmen. Die Backofentemperatur auf 160 °C (Umluft) erhöhen. Falls beim Zitronenconfit noch etwas Flüssigkeit übrig ist, das Confit in einem kleinen Topf noch etwas einköcheln lassen, dann mit einem Messer in Stücke hacken.

4   Die Pappadams im Ofen auf der mittleren Schiene goldgelb rösten. Die Linsensuppe in tiefe Teller oder Gläser verteilen und mit den Tomatenflakes garnieren. Die Pappadams in Stücke brechen, etwas Zitronenconfit darauf anrichten und nach Belieben mit Kornblumenblütenblättern garnieren.

Tipp: Beim Zitronenconfit lohnt es sich, gleich eine größere Menge auf Vorrat herzustellen. In Schraubgläsern verschlossen, hält es sich einige Monate.

Rosenkohleintopf mit Tofu und Weißkohl

Zutaten für 4 Personen

1 Zwiebel
2 Möhren
1 Apfel
2 Pastinaken
1 festkochende Kartoffel
4 Topinambur
200 g Rosenkohl
¹/₄ Weißkohl
150 g Tofu
4 EL Olivenöl
200 ml trockener Weißwein
ca. 1 l Gemüsebrühe
Meersalz
abgeriebene Schale von
1 Bio-Orange
1 Stück Meerrettich
4 EL gehackte Petersilie

1 Die Zwiebel schälen und in feine Würfel schneiden. Die Möhren putzen und schälen. Den Apfel vierteln, schälen und das Kerngehäuse entfernen. Möhren und Apfel in etwa 1 cm große Würfel schneiden. Die Pastinaken, die Kartoffel und den Topinambur schälen und in ¹/₂ cm dicke Scheiben schneiden.

2 Den Rosenkohl putzen und die äußeren Blätter entfernen, den Strunk keilförmig herausschneiden und die einzelnen Blätter ablösen (siehe S. 193). Vom Weißkohl die äußeren Blätter und den harten Strunk entfernen, die Kohlblätter ablösen und in Rauten schneiden. Den Tofu in mundgerechte Stücke schneiden.

3 Das Olivenöl in einer Pfanne erhitzen und die Zwiebel darin glasig dünsten. Möhren, Topinambur und Weißkohl dazugeben und etwa 2 Minuten mitdünsten. Dann Pastinaken und Kartoffel hinzufügen und ebenfalls kurz mitdünsten.

4 Den Wein angießen und aufkochen. Die Rosenkohlblätter, den Tofu und die Brühe hinzufügen, mit Meersalz würzen und nochmals aufkochen. Den Eintopf etwa 3 Minuten köcheln, dann die Orangenschale hinzufügen und mit Meersalz abschmecken.

5 Den Meerrettich schälen. Den Rosenkohleintopf in tiefe Teller verteilen, mit Petersilie bestreuen und Meerrettich frisch darüberreiben.

Tipp: Anstelle von Rosenkohl können Sie auch Blattkohl – z.B. Wirsing – verwenden. Dieser Eintopf kann sehr gut mit Südfrüchten, wie Orange, Pomelo, Ananas, Mango oder Granatapfelkernen, verfeinert werden. Das verleiht ihm zum einen einen feinen süßsauren Geschmack, zum anderen kommt man so auch auf eine Extraportion Vitamine!

Rotkohlsalat mit Mangochutney

Zutaten für 4 Personen

Für das Mangochutney:
1 reife Thai-Mango
1 rote Chilischote
15 g Ingwer
2–3 EL Gelierzucker (3:1)
Meersalz

Für den Rotkohlsalat:
¼ Rotkohl
2 EL Zucker
Meersalz
4 EL Orangensaft
3 EL Waldhonig
1 TL Feigensenfsauce
(aus dem Glas)
4 EL alter Aceto balsamico
(ca. 13 Jahre)
6 EL Olivenöl

1 Für das Mangochutney die Mango schälen, das Fruchtfleisch auf den flachen Seiten vom Stein schneiden und in einem hohen Rührbecher mit dem Stabmixer pürieren. Die Chilischote längs halbieren, entkernen, waschen und in feine Würfel schneiden. Den Ingwer schälen und fein reiben. Das Mangopüree mit Chili, Ingwer, Gelierzucker und 1 Prise Meersalz in einem kleinen Topf verrühren und aufkochen lassen. Das Mangochutney in einem Schälchen abkühlen lassen.

2 Für den Rotkohlsalat die äußeren Blätter und den Strunk des Rotkohls entfernen. Den Rotkohl mit dem Gemüsehobel oder einem scharfen Messer in feine Streifen schneiden. In einer Schüssel mit dem Zucker und 1 TL Meersalz würzen und etwa 15 Minuten ziehen lassen.

3 Den Orangensaft leicht erwärmen, Honig, Feigensenfsauce, Essig und Meersalz unterrühren. Das Olivenöl mit dem Schneebesen unterschlagen. Den marinierten Rotkohl mit den Händen etwas ausdrücken und mit der Orangenvinaigrette mischen.

4 Den Rotkohlsalat mit Meersalz und Zucker abschmecken und mit dem Mangochutney servieren.

Tipp: Sie können das Mangochutney gut im Voraus zubereiten. Füllen Sie es dann heiß in ein Schraubglas. Im Kühlschrank hält es sich mindestens 3 Monate. Der Rotkohlsalat ist ein feiner Begleiter zu den Buchteln von S. 234 oder zu den Dinkelpfannküchle von S. 216. Köstlich schmeckt er auch zu karamellisiertem Ziegenkäse.

Feldsalat mit Topinamburdressing und Wurzelgemüsechips

Zutaten für 4 Personen

Für das Topinamburdressing:
40 g Schalotten
200 g Topinambur
1 EL Butter
80 ml trockener Weißwein
100 ml Milch
½ TL Dijon-Senf
2½ EL Balsamico bianco
½ TL Waldhonig
Meersalz

Für die Wurzelgemüsechips:
50 g Schwarzwurzel
50 g Pastinake
50 g Möhre
50 g Knollensellerie
50 g Topinambur
Meersalz
Öl zum Frittieren

Außerdem:
ca. 250 g Feldsalat

1 Für das Topinamburdressing die Schalotten schälen und in feine Streifen schneiden. Den Topinambur schälen und in dünne Scheiben scheiden. Die Butter in einer Pfanne erhitzen. Die Schalotten und den Topinambur darin glasig dünsten. Mit dem Wein ablöschen und bei schwacher Hitze garen. Die Milch dazugeben und einmal aufkochen. Mit dem Stabmixer pürieren und nach Belieben noch durch ein feines Sieb streichen.

2 Den Senf mit dem Essig in einem kleinen Topf leicht erhitzen. Den Honig unterrühren und den Sud mit Meersalz abschmecken. 3 EL von der Topinamburmasse dazugeben, gut mischen und beiseitestellen. (Die restliche Topinamburmasse z.B. für eine Suppe verwenden; siehe S. 196.) Den Feldsalat verlesen, waschen und trocken schleudern.

3 Für die Wurzelgemüsechips das Gemüse putzen, schälen und mit dem Sparschäler, dem Gemüsehobel oder auf der Aufschnittmaschine in sehr dünne Scheiben schneiden. Mit kochendem Salzwasser übergießen, in ein Sieb abgießen, gut abtropfen lassen und mit Küchenpapier trocken tupfen.

4 Reichlich Öl in der Fritteuse oder in einem hohen Topf auf 160 °C erhitzen – es ist heiß genug, wenn sich an einem hineingehaltenen Holzlöffelstiel Blasen bilden. Die Gemüsescheiben hineingeben und im heißen Öl frittieren, bis sich die Ränder wellen. Mit dem Schaumlöffel herausheben, auf Küchenpapier abtropfen lassen und mit Meersalz und nach Belieben weiteren Zutaten würzen (siehe Tipp).

5 Den Feldsalat mit dem Topinamburdressing mischen, auf Teller verteilen und einige Wurzelgemüsechips darauf anrichten. Nach Belieben mit gerösteten Kürbiskernen bestreuen. Die restlichen Wurzelgemüsechips zum Knabbern dazu reichen. Dazu passt Butterbrot.

Tipp: Je nach Geschmack können die Wurzelgemüsechips ganz unterschiedlich gewürzt werden, z.B. mit Tandooripulver, Currypulver, Paprikapulver, Pfeffer aus der Mühle usw. Experimentieren Sie ruhig ein wenig herum, und finden Sie heraus, wie sie Ihnen am besten schmecken.

Schwarzbrot - Chili - Salat mit Avocado

Zutaten für 4 Personen

400 g Schwarzbrot
230 ml Olivenöl
2 Schalotten
je 1 gelbe und rote Tomate
je 1/2 gelbe und rote Paprikaschote
2 kleine Gärtnergurken
2 rote Zwiebeln
1/2 Knoblauchzehe
Meersalz
1/2 rote Chilischote
je 10 Petersilien- und Basilikumblätter
80 ml Gemüsebrühe
60 ml Weißweinessig
2 EL Aceto balsamico
1 Avocado

1 Das Schwarzbrot in Würfel schneiden. In einer Pfanne 3 EL Olivenöl erhitzen und die Hälfte der Brotwürfel darin anrösten. Die restlichen Brotwürfel beiseitestellen.

2 Die Schalotten schälen. Die Tomaten waschen, halbieren und entkernen, dabei die Stielansätze entfernen. Die Paprikaschoten entkernen und waschen. Schalotten, Tomaten und Paprikaschoten in Würfel schneiden. Die Gurken waschen, halbieren und in 4 mm dicke Scheiben schneiden.

3 Die Zwiebeln schälen und in feine Scheiben schneiden. Den Knoblauch schälen, in feine Würfel schneiden und mit Meersalz bestreuen. Etwa 3 Minuten ziehen lassen, dann mit einem Messerrücken zerreiben. Die Chilischote entkernen, waschen und in feine Würfel oder Ringe schneiden.

4 Die Petersilie und das Basilikum waschen, trocken tupfen und grob zerzupfen. Die Brühe erhitzen und kräftig mit Meersalz würzen. Beide Essigsorten dazugeben und zum Schluss das restliche Olivenöl unterrühren. Die Avocado halbieren und den Stein entfernen. Die Avocadohälften schälen und das Fruchtfleisch in Würfel schneiden.

5 Alle Zutaten – auch die beiseitegelegten Brotwürfel – mit der Marinade mischen und den Schwarzbrot-Chili-Salat nochmals mit Meersalz abschmecken.

Tipp: Der Salat ist so ziemlich mit jedem Gemüse austauschbar und wird somit natürlich auch zu einem Salat à la RUMFORT = was »RUMliegt« und »FORTmuss«!

Carpaccio von Roter und Gelber Bete mit Orangen-Olivenöl-Emulsion

Zutaten für 4 Personen

Für das Carpaccio:
2 Rote Beten
2 Gelbe Beten
Meersalz
Zucker

Für die Orangen-Olivenöl-Emulsion:
1 EL Zucker
5 EL trockener Weißwein
100 ml Orangensaft
1 grüne Kardamomkapsel
1 Gewürznelke
100 ml Olivenöl
1 Orange
Meersalz

1 Für das Carpaccio die Roten und die Gelben Beten schälen und in feine Scheiben schneiden. Mit Meersalz und 1 Prise Zucker bestreuen und 20 Minuten ziehen lassen.

2 Für die Orangen-Olivenöl-Emulsion den Zucker in einer Pfanne karamellisieren. Dann mit dem Wein ablöschen und den Karamell unter Rühren auflösen. Den Orangensaft, den Kardamom und die Gewürznelke dazugeben. Einmal aufkochen, Kardamom und Nelke wieder entfernen. Das Olivenöl nach und nach mit dem Stabmixer untermixen.

3 Die Orange so großzügig schälen, dass auch die weiße Haut mit entfernt wird. Die Filets zwischen den einzelnen Trennhäuten herausschneiden und etwas zerpflücken. Zur Olivenölemulsion geben und mit etwas Meersalz abschmecken.

4 Die Rote- und Gelbe-Bete-Scheiben abwechselnd dachziegelartig auf Tellern anrichten und mit der Orangen-Olivenöl-Emulsion beträufeln. Nach Belieben mit verschiedenen Kressesorten oder Kräuterblättern garnieren. Dazu passt frisches Weißbrot.

Tipp: Fein als Topping schmeckt z.B. Pecorino (in Späne gehobelt) oder Schafskäse (in Würfel geschnitten).

Sous-vide gegarter Rotkohl mit Limetten-Tartelette

Zutaten für 4 Personen

Für den Rotkohl:
1 Rotkohl
Meersalz
Zucker
ca. 5 EL Granatapfelsaft

Für den Mürbeteig:
250 g Mehl
Meersalz
125 g Butter
1 Ei
Butter für die Förmchen
Mehl für die Arbeitsfläche
getrocknete Hülsenfrüchte
zum Blindbacken

Für die Füllung:
100 g Sahne
150 g Crème fraîche
4 Eier
1 Eigelb
5 EL Limettensaft
Meersalz
Zucker

1 Für den Rotkohl die äußeren Blätter des Rotkohls entfernen. Den Rotkohl putzen, halbieren und den Strunk entfernen. Die Schnittflächen mit Meersalz und Zucker bestreuen und die Hälften in einen großen Kunststoffbeutel geben. Den Beutel mit dem Vakuumiergerät verschließen und den Rotkohl im heißen Wasserbad bei 70 °C etwa 12 Stunden garen.

2 Für den Mürbeteig das Mehl mit ½ TL Meersalz und der Butter in Stückchen auf der Arbeitsfläche rasch verkneten, dabei das Ei einarbeiten. Falls nötig, noch etwas Wasser hinzufügen. Den Mürbeteig in Frischhaltefolie wickeln und etwa 2 Stunden in den Kühlschrank legen. Anschließend den Mürbeteig bei Zimmertemperatur etwa 10 Minuten ruhen lassen.

3 Den Backofen auf 180 °C (Umluft) vorheizen. Vier Tarteletteförmchen mit Butter einfetten. Den Teig vierteln und jeweils auf der bemehlten Arbeitsfläche zu einem Kreis von etwa 8 cm Durchmesser ausrollen. Die Kreise in die Tarteletteförmchen legen und dabei einen Rand formen. Die Böden mit Backpapier belegen, bis zum Rand mit den Hülsenfrüchten befüllen und den Teig im Ofen auf der mittleren Schiene 7 bis 9 Minuten goldgelb blindbacken. Die Förmchen herausnehmen und die Backpapiere mit den Hülsenfrüchten entfernen. Die Backofentemperatur auf 160 °C reduzieren.

4 Für die Füllung die Sahne mit Crème fraîche, Eiern, Eigelb und Limettensaft verrühren und mit Meersalz und Zucker abschmecken. Die Füllung auf den vorgebackenen Böden verteilen und die Tartelettes im Ofen etwa 15 Minuten backen, bis die Masse gestockt ist. Die Limetten-Tartelettes herausnehmen.

5 Den Rotkohl im Beutel in Eiswasser abkühlen lassen. Dann herausnehmen und die Hälften in Stücke schneiden. Den Rotkohl mit dem Granatapfelsaft im Küchenmixer pürieren und mit Meersalz und Zucker abschmecken. Das Rotkohlpüree in eine Spritzflasche füllen, auf den Tartelettes verteilen und sofort servieren.

Tipp: Je nachdem, aus welchem Material Ihre Tarteletteförmchen gefertigt sind, können die angegebenen Backzeiten mehr oder weniger stark variieren.

Gefüllter Weißkohl mit Weizen, Quark und Birne

Zutaten für 4 Personen

500 g Speisequark (40 % Fett)
4 EL Zartweizen
Meersalz
45 g Butter
150 g Weißbrot (ohne Rinde)
2 Schalotten
1 Birne
4 Eier
abgeriebene Schale von
1 Bio-Zitrone
ca. 120 g geriebener Bergkäse
1 kleiner Weißkohl
Öl für das Blech

1 Am Vortag den Quark in ein Sieb geben und im Kühlschrank über einer Schüssel etwa 24 Stunden abtropfen lassen.

2 Am nächsten Tag den Zartweizen in Salzwasser etwa 10 Minuten weich köcheln. Inzwischen die Butter in einem Topf bei mittlerer Hitze zerlassen und langsam erhitzen, bis sie goldbraun ist und ein nussiges Aroma hat.

3 Das Weißbrot zerzupfen und im Küchenmixer zu Bröseln pürieren. Die Schalotten schälen und in feine Würfel schneiden. Die Nussbutter vom Herd nehmen und die Schalotten dazugeben. Die Birne vierteln, schälen und das Kerngehäuse entfernen. Die Birnenviertel in kleine Würfel schneiden.

4 Quark, Brotbrösel, Birnenwürfel, Eier, Zitronenschale und die Hälfte des Käses in einer Schüssel mit der Schalottenbutter und dem Zartweizen mischen. Die Masse mit Meersalz abschmecken (nach Belieben in einen Spritzbeutel füllen) und kühl stellen.

5 Vom Weißkohl die äußeren Blätter entfernen und den harten Strunk herausschneiden. Acht Blätter vorsichtig ablösen und die dicken Blattrippen herausschneiden. Die Blätter in reichlich kochendem Salzwasser etwa 1 Minute blanchieren. Herausheben, kalt abschrecken und auf einem Küchentuch abtropfen lassen. Den Backofen auf 180 °C (Umluft) vorheizen.

6 Die Kohlblätter nacheinander in einen kleinen Schöpflöffel (etwa 7 cm Durchmesser) drücken und randvoll mit der Quarkmasse füllen. Die Blätter etwa 3 cm über dem Rand abschneiden, über der Füllung zusammenklappen und gut andrücken. Die gefüllten Kohlblätter in die Hand stürzen und auf ein mit Öl bestrichenes Backblech legen. Die Kohlblätter mit dem restlichen Käse bestreuen und im Ofen auf der mittleren Schiene etwa 12 Minuten garen.

Tipp: Ich serviere die gefüllten Weißkohlblätter am liebsten auf Tomatensugo (Rezept siehe S. 47). Auf dieselbe Weise lassen sich auch Wirsing- oder Kopfsalatblätter füllen. Aus dem restlichen Weißkohl können Sie einen schnellen Rohkostsalat machen: Einfach den Kohl vierteln und mit dem Gemüsehobel in feine Streifen hobeln. Mit dem Granatapfeldressing von S. 145 oder der Koriandervinaigrette von S. 28 mischen und durchziehen lassen. Vor dem Servieren nochmals abschmecken.

Weizenschrotrisotto mit gedünstetem Lauch, Blauschimmelkäse und Mango

Zutaten für 4 Personen

Für den Weizenschrotrisotto:
180 g Schalotten
40 g Butter
300 g Weizenschrot
Meersalz
½ l trockener Weißwein
1 l Gemüsebrühe
90 g kalte Butter

Für den gedünsteten Lauch:
2 Stangen Lauch
80 g Butter
200 ml Gemüsebrühe
Meersalz
200 g Blauschimmelkäse

Außerdem:
3 Scheiben frische Mango
Zucker nach Belieben

1   Für den Weizenschrotrisotto die Schalotten schälen und in feine Würfel schneiden. Die Butter in einem Topf erhitzen und die Schalotten darin glasig dünsten. Den Weizenschrot dazugeben, mit wenig Meersalz würzen und mit dem Wein ablöschen. Die Brühe nach und nach angießen und jeweils einköcheln lassen. Den Schrot bei mittlerer Hitze leicht köchelnd 1 Stunde weich garen. Die kalte Butter in Würfel schneiden und unter den Schrot rühren. Nochmals mit Meersalz abschmecken.

2   Inzwischen für den gedünsteten Lauch den Lauch putzen, waschen und in dicke Scheiben schneiden. Die Butter in einem Topf erhitzen und den Lauch darin kurz andünsten. Mit der Brühe ablöschen und etwa 5 Minuten garen. Mit Meersalz würzen. Den Käse leicht erwärmen und in Stücke schneiden.

3   Die Mango in kleine Würfel schneiden und je nach Reifegrad mit etwas Zucker mischen. Den Weizenschrotrisotto auf Teller verteilen und den Lauch darauf anrichten, dabei jeweils 1 Stück Käse zwischen 2 Lauchscheiben legen. Falls nötig, mit kleinen Holzspießen fixieren. Einige Mangowürfel darüberstreuen. Nach Belieben mit rotem Basilikum und Schnittlauchröllchen garnieren.

Tipp: Ich liebe Blauschimmelkäse, kann aber verstehen, dass er nicht jedermanns Sache ist. Ersatzweise können Sie für dieses Rezept auch Brie oder Camembert verwenden. Die gedünsteten Lauchringe mit dem Käse können Sie auch statt zum Risotto auf Brot servieren – so sind sie ein super Häppchen zu Wein und Co.

Dinkelpfannküchle mit Anismöhren und Blutorangen-Vinaigrette

Zutaten für 4 Personen

Für die Dinkelpfannküchle:
250–300 ml Milch
15 g frische Hefe
250 g Dinkelmehl
40 g Butter
1 Ei
1 Eigelb
Öl und Butter zum Backen

Für die Blutorangen-Vinaigrette:
1 Blutorange
1 EL Balsamico bianco
Meersalz
3 EL Traubenkernöl

Für den Orangenjoghurt:
2 EL Naturjoghurt
1 Spritzer Orangensaft
Pfeffer aus der Mühle

Für die Anismöhren:
12 junge Möhren (mit Grün)
1 TL Zucker
5 EL Gemüsebrühe
8 Anissamen
Meersalz
20 g Butter

Außerdem:
Erbsensprossen zum Garnieren

1 Für die Dinkelpfannküchle die Milch in einem kleinen Topf lauwarm erwärmen und die Hefe darin auflösen. Das Mehl in eine Schüssel geben, eine Mulde bilden, die Hefemilch hineingießen und nach und nach mit dem Mehl ve rrühren. Den Teig 30 Minuten gehen lassen.

2 Inzwischen für die Blutorangen-Vinaigrette die Blutorange so großzügig schälen, dass auch die weiße Haut mit entfernt wird. Die Filets zwischen den einzelnen Trennhäuten herausschneiden, den austretenden Saft auffangen und den Rest der Orangenschalen gut ausdrücken. Den Saft (etwa 2 EL) mit dem Essig mischen und mit 1 Prise Meersalz würzen. Das Öl mit dem Schneebesen unterrühren und nochmals mit Salz abschmecken. Die Filets und die Vinaigrette beiseitestellen.

3 Für den Orangenjoghurt den Joghurt mit dem Saft verrühren und mit 1 Prise Pfeffer würzen. Nach Belieben in eine Spritzflasche füllen.

4 Für die Anismöhren die Möhren schälen oder gründlich waschen und mit einem Messer etwas abschaben. Das Grün bis auf 1 cm abschneiden. Den Zucker in einer Pfanne karamellisieren, mit der Brühe ablöschen und den Anis dazugeben. Mit Meersalz würzen und die Möhren etwa 6 Minuten garen, dann vom Herd nehmen.

5 Für die Dinkelpfannküchle die Butter in einem kleinen Topf zerlassen – sie sollte dabei jedoch nicht zu heiß werden. Die Butter mit dem Ei und dem Eigelb unter den Teig rühren. Etwas Öl in einer Pfanne erhitzen, ein paar Teigkleckse hineingeben und diese auf der Unterseite bei mittlerer Hitze goldbraun backen. Wenden, überschüssiges Öl mit einem Küchenpapier heraustupfen, etwas Butter dazugeben und die Pfannküchle auf der anderen Seite ebenfalls goldbraun backen. Aus dem restlichen Teig auf die gleiche Weise weitere Pfannküchle backen.

6 Die Anismöhren nochmals kurz erwärmen und die Butter darin schmelzen lassen. Die Möhren herausnehmen und quer dritteln, dabei darauf achten, dass die Schnittkanten gerade sind. Die Dinkelpfannküchle auf Teller verteilen und die Möhrendrittel dazwischenstellen. Die Blutorangenfilets dazwischen verteilen, die Vinaigrette darüberträufeln und mit dem Orangenjoghurt und den Erbsensprossen garnieren.

Cidre-Tofu mit Graupen und Apfel-Ingwer-Kompott

Zutaten für 4 Personen

Für den Cidre-Tofu:
300 ml Cidre
Meersalz
2 TL Muscovado-Zucker
(siehe Tipp)
400 g Tofu
3 EL Rapsöl
30 g kalte Butter

Für die Graupen:
60 g Schalotten
2 Baby-Möhren
40 g Butter
200 g (Perl-)Graupen
4 EL trockener Weißweinessig
200 ml trockener Weißwein
2 Zweige Thymian
4 Scheiben Ingwer
200 ml Gemüsebrühe
Meersalz

Für das Apfel-Ingwer-Kompott:
1 Apfel · 1 Schalotte
1 EL Butter
2 Zweige Rosmarin
1 TL geriebener Ingwer · 2 TL Honig
Meersalz · 2 TL Traubenkernöl

1 Für den Cidre-Tofu den Cidre mit Meersalz und Muscovado-Zucker würzen. Den Tofu in 8 Scheiben schneiden und in der Marinade 8 Stunden einlegen.

2 Inzwischen für die Graupen die Schalotten schälen und in feine Würfel schneiden. Die Möhren schälen und in kleine Würfel schneiden. Die Butter in einem Topf erhitzen und die Schalotten darin glasig dünsten. Die Graupen dazugeben, mit dem Essig ablöschen und einköcheln lassen. Den Wein dazugeben und auf die Hälfte einköcheln lassen. Den Thymian waschen und mit dem Ingwer und der Brühe hinzufügen. Alles mit Meersalz würzen. Die Graupen bei schwacher Hitze bissfest garen, am Schluss die Möhren dazugeben und etwa 2 Minuten mitgaren.

3 Für das Apfel-Ingwer-Kompott den Apfel vierteln, schälen und das Kerngehäuse entfernen. Apfelviertel in 1/2 cm große Würfel schneiden. Die Schalotte schälen und in feine Würfel schneiden. Die Butter in einer Pfanne erhitzen und die Schalotte darin glasig dünsten. Den Apfel dazugeben und kurz mitdünsten. Den Rosmarin waschen, trocken tupfen, mit Ingwer und Honig hinzufügen und 30 Sekunden mitdünsten. Das Kompott mit Meersalz abschmecken und mit dem Öl verfeinern.

4 Den Tofu aus der Marinade nehmen und trocken tupfen. Das Öl in einer Pfanne erhitzen und den Tofu darin auf beiden Seiten anbraten. Mit etwas Cidre-Marinade ablöschen und die kalte Butter unterrühren. Nochmals abschmecken.

5 Den Cidre-Tofu mit den Graupen und dem Apfel-Ingwer-Kompott auf Tellern anrichten. Nach Belieben mit gebratenen Lauchstreifen (siehe Tipp) garnieren.

Tipp: Muscovado-Zucker ist unraffinierter Rohzucker. Im Vergleich zum üblichen Haushaltszucker hat er einen intensiveren Eigengeschmack und kann beispielsweise Noten von Nuss, Karamell, Lakritz und Malz enthalten. Dafür ist er weniger süß.
Für die Lauchstreifen 1 Stange Lauch (nur das Weiße und Hellgrüne) längs halbieren, waschen und längs in Streifen schneiden. Die Lauchstreifen in etwa 30 g Butter dünsten und mit Meersalz würzen.

Kaffeegnocchi auf Orangen-Chicorée und Estragon-Schwarzwurzeln

Zutaten für 4 Personen

Für die Kaffeegnocchi:
400 g mehligkochende Kartoffeln
Meersalz · 20 Kaffeebohnen (leicht
zerdrückt) · 20 g Butter
140 g doppelgriffiges Mehl
4 Eigelb · Pfeffer aus der Mühle
frisch geriebene Muskatnuss
Mehl für das Blech
2 EL Olivenöl

Für den Orangen-Chicorée:
4 Frühlingszwiebeln · 1 Chicorée
1 Schalotte · 1 Orange
100 g kalte Butter · Meersalz
200 ml Orangensaft · 1 EL Honig

Für die Estragon-Schwarzwurzeln:
100 ml Milch · 1 Spritzer Zitronensaft · 4 Schwarzwurzeln
4 EL Walnussöl · Meersalz · Zucker
10 gehackte Estragonblätter

1 Für die Kaffeegnocchi den Backofen auf 180 °C (Umluft) vorheizen. Die Kartoffeln halbieren und die Schnittflächen mit Meersalz und den Kaffeebohnen bestreuen. Die Kartoffeln wieder zusammensetzen, einzeln in Alufolie wickeln und im Ofen auf der mittleren Schiene etwa 80 Minuten garen. Auswickeln und im ausgeschalteten Ofen bei leicht geöffneter Tür noch etwa 10 Minuten ausdampfen lassen. Die Kaffeebohnen entfernen, die Kartoffeln pellen und abkühlen lassen.

2 Die Butter in einem kleinen Topf so lange erhitzen, bis sie nussbraun ist. Die Kartoffeln durch die Kartoffelpresse drücken und mit der Butter, dem Mehl und den Eigelben mischen. Mit 1/2 TL Meersalz, Pfeffer und Muskatnuss würzen. Die Kartoffel-masse halbieren und jeweils zu einer Rolle von etwa 1 cm Durchmesser formen, mit einer Palette oder einem Messer gleichmäßig etwa 1 1/2 cm breite Stücke abschnei-den und diese zu kleinen Klößchen rollen. Mit einem Gabelrücken Rillen eindrücken. Fertige Gnocchi auf ein bemehltes Backblech legen.

3 Für den Orangen-Chicorée Frühlingszwiebeln und Chicorée putzen, waschen und schräg in Stücke bzw. Streifen schneiden. Schalotte schälen und in feine Würfel schneiden. Orange so großzügig schälen, dass auch die weiße Haut mit entfernt wird. Die Filets zwischen den einzelnen Trennhäuten herausschneiden. Für die Estragon-Schwarzwurzeln den Backofen auf 160 °C (Umluft) vorheizen. Milch mit Zitronensaft und 100 ml Wasser in eine Schüssel geben. Schwarzwurzeln unter fließendem kaltem Wasser schälen und sofort in die Zitronenmilch legen. Dann herausnehmen, Schwarz-wurzeln einmal quer halbieren und längs vierteln. Mit Öl, etwas Meersalz und 1 Prise Zucker in einer ofenfesten Form mischen. Zugedeckt im Ofen 12 Minuten garen.

4 In einem Topf reichlich Salzwasser aufkochen. Die Gnocchi portionsweise hineinge-ben, die Hitze reduzieren und die Gnocchi knapp unter dem Siedepunkt etwa 1 Minute ziehen lassen, bis sie an die Oberfläche steigen. Mit dem Schaumlöffel herausheben und sofort in gesalzenem Eiswasser abschrecken. Auf einem Sieb abtropfen lassen.

5 In einem Topf 3 EL Butter erhitzen und Frühlingszwiebeln, Schalotte und Chicorée darin andünsten. Mit Meersalz würzen und mit Orangensaft ablöschen. Etwa 2 Minuten garen, Orangenfilets und Honig hinzufügen, mit der restlichen Butter binden und ab-schmecken. Das Olivenöl in einer Pfanne aufschäumen, die Kaffeegnocchi darin erwär-men und mit Salz abschmecken. Estragon unter die Schwarzwurzeln mischen. Gnocchi, Orangen-Chicorée und Estragon-Schwarzwurzeln auf vorgewärmte Teller verteilen.

Kartoffelklößchen mit Wurzelgemüse

Zutaten für 4 Personen

Für die Kartoffelklößchen:

400 g mehligkochende Kartoffeln
ca. 150 g grobes Meersalz
20 g Butter
140 g doppelgriffiges Mehl
(z.B. Wiener Grießler)
4 Eigelb
feines Meersalz
Pfeffer aus der Mühle
Muskatnuss
Mehl für das Blech

Für das Wurzelgemüse:

1 rote Zwiebel
20 g Pastinake
20 g Urkarotte (ersatzweise
Möhre)
20 g Gelbe Bete
1/4 Birne
1 Tomate
20 g Schwarzwurzel
2 EL Olivenöl
100 ml Gemüsebrühe
20 g Butter
Meersalz
Pfeffer aus der Mühle
20 g Parmesan (in Spänen)

1 Für die Kartoffelklößchen den Backofen auf 180 °C (Umluft) vorheizen. Die Kartoffeln waschen. Das grobe Meersalz auf ein Backblech streuen und die Kartoffeln darauflegen. Die Kartoffeln im Ofen auf der mittleren Schiene etwa 80 Minuten garen. Herausnehmen, 10 Minuten abkühlen lassen und pellen.

2 Die Butter in einem kleinen Topf leicht bräunen. Die Kartoffeln durch die Kartoffelpresse drücken und mit der Butter, dem Mehl und den Eigelben mischen. Mit Meersalz, Pfeffer und Muskatnuss abschmecken. Die Kartoffelmasse halbieren und jeweils zu einer Rolle von etwa 1 cm Durchmesser formen, mit einer Palette oder einem Messer gleichmäßig etwa 1 1/2 cm breite Stücke abschneiden und diese zu kleinen Klößchen rollen. Fertige Klößchen auf ein bemehltes Backblech legen.

3 Reichlich Salzwasser in einem großen Topf aufkochen. Die Kartoffelklößchen hineingeben, die Hitze reduzieren und knapp unter dem Siedepunkt etwa 1 Minute ziehen lassen. Wenn die Klößchen an die Oberfläche steigen, mit dem Schaumlöffel herausheben und in gesalzenem Eiswasser abschrecken. In ein Sieb abgießen und kurz abtropfen lassen.

4 Für das Wurzelgemüse die Zwiebel schälen und in feine Würfel schneiden. Pastinake, Urkarotte, Gelbe Bete und Birne putzen, schälen und ebenfalls in Scheiben schneiden. Die Tomate waschen, vierteln und entkernen. Die Tomatenviertel in Würfel schneiden. Schwarzwurzel putzen, schälen und leicht schräg in Scheiben schneiden.

5 Das Olivenöl in einer Pfanne erhitzen und die Zwiebelwürfel darin glasig dünsten. Pastinake, Urkarotte, Gelbe Bete und Schwarzwurzel dazugeben und 5 Minuten mitdünsten. Die Brühe angießen. Die Kartoffelklößchen dazugeben und weitere 2 Minuten garen. Die Tomate und die Birne dazugeben und 1 Minute mitgaren. Die Butter untermischen und mit Meersalz und Pfeffer abschmecken. Die Kartoffelklößchen mit dem Wurzelgemüse auf vorgewärmte Teller verteilen und mit den Parmesanspänen garnieren.

Tipp: Kartoffelklößchen lassen sich gut im Voraus vorbereiten. Einfach nach dem Abschrecken abtropfen lassen, mit etwas Olivenöl mischen und bis zur Weiterverwendung im Kühlschrank aufbewahren. Aus der Kartoffelmasse lassen sich auch Gnocchi (siehe S. 222), Schupfnudeln oder kleine Kartoffelknödel zubereiten.

Kokosrisotto mit Ingwer-Lauch und Shiitake-Pilzen

Zutaten für 4 Personen

Für den Kokosrisotto:
2 Schalotten
40 g Butter
130 g Risottoreis (superfino)
200 ml trockener Weißwein
Meersalz
ca. ½ l Kokosmilch
6 Schnittlauchhalme
2 EL geriebener Parmesan

Für die Shiitake-Pilze:
2 Schalotten
16 Shiitake-Pilze
2 EL Olivenöl
2–3 EL Sojasauce
40 g Butter
Meersalz

Für den Ingwer-Lauch:
160 g Lauch
50 g Butter
5 g geriebener Ingwer
Meersalz

1 Für den Kokosrisotto die Schalotten schälen und in feine Würfel schneiden. Die Butter in einem Topf erhitzen und die Schalottenwürfel darin glasig dünsten. Den Reis dazugeben und kurz mitdünsten. Mit dem Wein ablöschen und auf ein Fünftel einköcheln lassen.

2 Den Reis mit 2 Prisen Meersalz würzen. So viel Kokosmilch angießen, dass der Reis bedeckt ist, und unter häufigem Rühren einköcheln lassen. Den Vorgang wiederholen, bis der Reis nach etwa 25 Minuten bissfest ist.

3 Inzwischen für die Shiitake-Pilze die Schalotten schälen und in feine Würfel schneiden. Die Shiitake-Pilze putzen, dabei die Stiele entfernen. Das Olivenöl in einer Pfanne erhitzen, die Schalotten und die Pilze darin rundum anbraten, bis die Pilze fast gar sind. Mit Sojasauce ablöschen und die Butter unterrühren. Je nach verwendeter Sojasauce nur leicht bzw. nicht mit Meersalz würzen.

4 Für den Ingwer-Lauch den Lauch längs halbieren, waschen und in feine Streifen schneiden. Die Butter in einer kleinen Pfanne erhitzen und den Ingwer-Lauch darin andünsten. Mit dem Ingwer und etwas Meersalz abschmecken.

5 Den Schnittlauch waschen, trocken tupfen und in feine Röllchen schneiden. Mit dem Parmesan unter den Risotto mischen und den Kokosrisotto in tiefe Teller oder Schälchen verteilen. Den Ingwer-Lauch und die Shiitake-Pilze nach Belieben darauf oder daneben anrichten.

Tipp: Man kann den Risotto wunderbar vorbereiten, indem man ihn einfach zu vier Fünfteln fertig gart und dann bis zur Weiterverwendung auf ein Backblech gibt. Sobald man den Risotto braucht, gart man ihn wie oben beschrieben fertig.

Rote-Bete-Ziegenkäse-Ravioli

Zutaten für 4 Personen

4 Rote Beten
Meersalz
Muscovado-Zucker (siehe
Tipp S. 221)
1 Bund Estragon
2 Schalotten
100 g Butter
400 g Ziegenquark
abgeriebene Schale von
1 Bio-Zitrone
2 Eiweiß
einige Tropfen Walnussöl
Pfeffer aus der Mühle

1   Die Roten Beten schälen und in etwa 2 mm dicke Scheiben schneiden, mit etwas Meersalz und Muscovado-Zucker bestreuen und etwa 10 Minuten Wasser ziehen lassen.

2   Den Estragon waschen und trocken schütteln, die Blättchen abzupfen und fein hacken. Die Schalotten schälen und in feine Würfel schneiden.

3   In einer Pfanne 40 g Butter erhitzen, die Schalotten darin hellbraun braten und mit Meersalz würzen. Den Quark mit den Schalotten und der Zitronenschale verrühren. Die Quarkmasse in den Spritzbeutel geben.

4   Die Rote-Bete-Scheiben auf einem Küchentuch abtropfen lassen. Die Eiweiße verquirlen und die Roten Beten damit bestreichen. Auf jede Scheibe 1 haselnussgroße Menge Füllung spritzen und die Scheibe zusammenklappen.

5   Die restliche Butter in einer Pfanne erhitzen und das Walnussöl dazugeben. Die Rote-Bete-Ziegenkäse-Ravioli darin vorsichtig erwärmen. Mit Pfeffer bestreuen.

Tipp: Diese Ravioli serviere ich am liebsten mit gedünstetem jungem Spinat oder Rosenkohlblättern. Sie passen aber auch zu Feldsalat mit Walnüssen, Chicorée- oder Radicchiosalat. Oder probieren Sie sie mal als Einlage in einer aromatischen Gemüsebrühe (z.B. S. 200).

Sellerie-Maronen-Gratin mit Radicchiosalat

Zutaten für 4 Personen

Für die Gratinierbutter:
50 g Pumpernickelbrot
200 g weiche Butter
30 ml trockener Weißwein
Meersalz · 3 Eigelb

Für das Sellerie-Maronen-Gemüse:
1 Knollensellerie
2 kg grobes Meersalz · 50 g Zucker
5 EL trockener Weißwein
5 EL Gemüsebrühe
100 g gegarte Maronen (vakuumverpackt)
2 Schalotten · 50 g Butter

Für den Radicchiosalat:
1 Radicchio · 2 EL Apfelsaft
4 EL Aceto balsamico · 2 EL Honig
je 1 TL süßer und scharfer Senf
60 ml Traubenkernöl
Meersalz

1 Für die Gratinierbutter den Pumpernickel mit dem Stabmixer fein zerbröseln. Die Butter, den Wein und etwas Meersalz mit den Quirlen des Handrührgeräts hellcremig schlagen. Die Pumpernickelbrösel hinzufügen und nach und nach die Eigelbe unterrühren. Die Buttermasse mithilfe von Frischhaltefolie zu einer Rolle formen und 4 Stunden kühl stellen.

2 Für das Sellerie-Maronen-Gemüse den Backofen auf 180 °C (Umluft) vorheizen. Den Sellerie unter fließendem Wasser gründlich abbürsten. Eine dicke Schicht Meersalz auf ein mit Backpapier belegtes Backblech verteilen. Den Sellerie daraufsetzen, rundum komplett mit Meersalz bedecken und im Ofen auf der mittleren Schiene etwa 1¹/₂ Stunden garen. Den Sellerie vom Blech nehmen, das Salz entfernen und die Knolle auskühlen lassen.

3 Den Zucker in einer Pfanne karamellisieren, mit Wein und Brühe ablöschen und so lange kochen, bis sich der Karamell aufgelöst hat. Die Maronen dazugeben und die Flüssigkeit einköcheln lassen, bis die Maronen karamellisiert sind. Die Schalotten schälen, in Ringe schneiden und in der Butter hellbraun dünsten.

4 Den Backofen auf 250 °C (Umluft) vorheizen. Den ungeschälten Sellerie in etwa 1¹/₂ cm große Würfel schneiden. Die Maronen achteln und mit dem Sellerie und den Schalotten in einer ofenfesten Form verteilen. Das Gemüse im Ofen auf der mittleren Schiene lauwarm erhitzen. Den Backofengrill dazuschalten. Die Gratinierbutter auswickeln, in Scheiben schneiden und auf dem Gemüse verteilen. Das Sellerie-Maronen-Gemüse im Ofen auf der mittleren Schiene goldbraun gratinieren.

5 Für den Radicchiosalat den Radicchio putzen, waschen, trocken schütteln und quer in 1 cm breite Streifen schneiden. Den Apfelsaft mit Essig, Honig und Senf in einem kleinen Topf leicht erwärmen. Öl mit dem Schneebesen unterschlagen und die Vinaigrette mit Meersalz abschmecken. Den Radicchio in einer Schüssel mit der Vinaigrette mischen und mit dem Sellerie-Maronen-Gratin anrichten.

Tipp: Das Gemüse wird nur unter dem Backofengrill wirklich perfekt gratiniert. Ansonsten besteht die Gefahr, dass die Gratinierbutter nicht kross wird, sondern zerläuft.

Bananenravioli mit Pak Choi und Kokos-Ingwer-Schaum

Zutaten für 4 Personen

Für den Nudelteig:
250 g Mehl
4 Eigelb · 1 Ei
½ EL Weißweinessig
1 EL Olivenöl · Meersalz
Mehl für die Arbeitsfläche

Für die Füllung:
2 Pimentkörner
¼ rote Chilischote
1 Banane (ca. 120 g)
2 Schalotten
20 g Butter · Meersalz
1–2 Spritzer Zitronensaft

Für den Kokos-Ingwer-Schaum:
1 Stängel Zitronengras
1 Schalotte
30 g Butter
5 EL Pflaumenwein
¼ l Kokosmilch
15 g frischer Ingwer
20 g eingelegter Ingwer (aus dem
Glas) · Meersalz
1 EL helle Sojasauce

Für den Pak Choi:
4 Baby-Pak-Choi
2 Schalotten · 30 g Butter
10 Johannisbeertomaten (siehe
Tipp S. 100)
Meersalz
3 Stiele Koriander
1 TL geröstetes Sesamöl

1   Den Nudelteig, wie auf S. 82 beschrieben, zubereiten und kühl stellen. Für die Füllung die Pimentkörner im Mörser fein zerstoßen. Die Chilischote entkernen, waschen und in feine Würfel schneiden. Die Banane schälen und in Würfel schneiden. Die Schalotten schälen und in feine Würfel schneiden. Die Butter in einer Pfanne erhitzen und die Schalotten darin glasig dünsten. Die Banane dazugeben und etwa 1 Minute mitdünsten. Mit 1 Prise Meersalz, Zitronensaft und dem Piment würzen. Die Chiliwürfel untermischen und die Pfanne vom Herd nehmen.

2   Für den Kokos-Ingwer-Schaum vom Zitronengras die welken Außenblätter und die obere, trockene Hälfte entfernen. Den Stängel mit dem Plattiereisen oder mit einem Topfboden andrücken. Die Schalotte schälen und in Ringe schneiden. Die Butter in einer Pfanne erhitzen und die Schalotte darin glasig dünsten. Mit dem Pflaumenwein ablöschen, etwas einköcheln lassen und die Kokosmilch angießen. Frischen Ingwer schälen und in die Pfanne reiben. Eingelegten Ingwer in feine Streifen schneiden und dazugeben. Mit Salz würzen und das Zitronengras hinzufügen. Alles etwa 5 Minuten köcheln, dann die Sojasauce untermischen. Sud weitere 10 Minuten sanft köcheln. Zitronengras entfernen, Sud durch ein feines Sieb gießen und mit Salz abschmecken.

3   Nudelteig, wie auf S. 82 beschrieben, ausrollen. Mit einem Ravioliausstecher oder einem Glas Kreise von 8 cm Durchmesser ausstechen. Die Bananenfüllung in einen Spritzbeutel füllen und auf die Hälfte der Teigkreise haselnussgroße Portionen spritzen. Die Ränder mit wenig Wasser bestreichen, jeweils einen leeren Teigkreis darauflegen und die Ränder gut andrücken. Ravioli auf ein mit Mehl bestäubtes Küchentuch legen.

4   Den Pak Choi putzen, waschen, trocken schütteln und in die einzelnen Blätter teilen. Die unteren 3 cm der Stiele in Streifen schneiden. Die Schalotten schälen und in feine Würfel schneiden. Die Butter in einer Pfanne erhitzen und die Schalotten darin glasig dünsten. Die Pak-Choi-Streifen etwa 2 Minuten mitdünsten. Die Tomaten waschen und ebenfalls 2 Minuten mitdünsten. Dann die Pak-Choi-Blätter hinzufügen, mit Salz würzen und 1 Minute dünsten. Den Koriander waschen und trocken schütteln, die Blätter abzupfen und fein schneiden. Das Sesamöl über den Pak Choi träufeln.

5   Ravioli in siedendem Salzwasser 3 bis 4 Minuten köcheln lassen, bis sie nach oben steigen. Herausheben, kurz abtropfen lassen und auf Teller verteilen. Pak Choi mit Koriander mischen und über die Ravioli geben. Kokos-Ingwer-Sud aufschäumen und ebenfalls darüber verteilen. Nach Belieben mit Kapuzinerkresseblüten dekorieren.

Grünkohl-Mango-Dinkelquiche mit Gewürzsabayon

Zutaten für 4 Personen

Für den Teig:
320 g Dinkelmehl (Type 630)
Meersalz
120 g kalte Butter
Mehl für die Arbeitsfläche
getrocknete Hülsenfrüchte zum Blindbacken

Für den Grünkohl:
100 g Schalotten
400 g Grünkohl (ohne Stiele)
2 EL Öl
200 ml trockener Weißwein
300 ml Gemüsebrühe
2 EL Sojasauce
100 ml Pflaumenwein
4 Spritzer geröstetes Sesamöl
Meersalz

Für die Royale:
200 g saure Sahne
4 Eier · Meersalz

Für das Gewürzsabayon:
1 Pimentkorn
Samen von 1 grünen Kardamomkapsel
2 Eier · 30 g Zucker
5 EL trockener Weißwein

Außerdem:
1 Mango

1 Für den Teig das Mehl mit 1 TL Meersalz auf der Arbeitsfläche mischen und die kalte Butter in Stückchen dazugeben. Mehl mit Butter rasch verkneten, dabei etwa 80 ml Wasser hinzufügen, sodass ein glatter Mürbeteig entsteht. Den Teig in Frischhaltefolie gewickelt etwa 2 Stunden in den Kühlschrank legen.

2 Für den Grünkohl die Schalotten schälen und in feine Würfel schneiden. Den Grünkohl waschen, trocken schütteln und grob zerkleinern. Das Öl in einer Pfanne erhitzen und die Schalotten darin goldbraun dünsten. Den Grünkohl dazugeben und anbraten. Mit dem Wein ablöschen, Brühe, Sojasauce und Pflaumenwein dazugeben und mit Sesamöl und Meersalz abschmecken.

3 Für die Royale die saure Sahne mit den Eiern verrühren. Mit Meersalz würzen und nach Belieben durch ein feines Sieb streichen. Die Mango schälen, das Fruchtfleisch auf den flachen Seiten vom Stein schneiden und in kleine Würfel schneiden.

4 Den Teig 15 Minuten vor der Weiterverarbeitung aus dem Kühlschrank nehmen. Den Backofen auf 160 °C (Umluft) vorheizen. Den Teig auf der bemehlten Arbeitsfläche etwa 4 mm dick ausrollen, eine Silikon- oder teflonbeschichtete Quicheform (alternativ 4 kleine Förmchen) damit auslegen und einen 3 bis 4 cm hohen Rand formen. Den Teig mit einer Gabel mehrmals einstechen, damit er sich beim Backen nicht hochwölbt. Den Teig mit Backpapier belegen, mit Hülsenfrüchten auffüllen und im Ofen auf der mittleren Schiene 10 bis 12 Minuten blindbacken.

5 Den Boden herausnehmen (den Backofen eingeschaltet lassen) und das Backpapier mit den Hülsenfrüchten entfernen. Den Boden vorsichtig auf ein Backblech stürzen und etwas abkühlen lassen. Den Grünkohl auf den Boden geben und die Royale darübergießen. Die Mangowürfel darauf verteilen. Die Quiche im Ofen auf der mittleren Schiene etwa 15 Minuten backen, bis die Grünkohl-Royale-Masse leicht gestockt ist.

6 Für das Gewürzsabayon den Piment und den Kardamom im Mörser fein zerstoßen. Die Eier, den Zucker und den Wein in einer Metallschüssel verrühren und im heißen Wasserbad schaumig aufschlagen. Mit den Gewürzen abschmecken. Die Grünkohl-Mango-Dinkelquiche noch lauwarm oder kalt in Stücke schneiden und mit dem Gewürzsabayon servieren.

Buchteln mit Blaukraut und salzigen Schokoladenstreuseln

Zutaten für 4 Personen

Für das Blaukraut:

1 kg Rotkohl
1 Apfel
100 ml Rotweinessig
25 g Zucker
Meersalz
2 Schalotten
40 g Butter
1 Zimtstange
1 Lorbeerblatt
2 Gewürznelken
5 Wacholderbeeren
1/4 l trockener Rotwein
100 ml Gemüsebrühe
100 g Preiselbeeren (aus dem Glas)
100 ml roter Portwein
2 EL alter Aceto balsamico

Für die Buchteln:

135 g Mehl
Zucker · Meersalz
60 g Milch
1/2 Würfel (21 g) frische Hefe
45 g Butter · 1 Eigelb
Butter für die Form

Für die Schokoladenstreusel:

100 g Mehl · 70 g Zucker
12 g Kakaopulver
1 Eigelb · 80 g Butter
Meersalz
Butter für die Form

1   Am Vortag für das Blaukraut vom Rotkohl die äußeren Blätter entfernen, den Kohl vierteln und den harten Strunk entfernen. Den Rotkohl mit dem Gemüsehobel möglichst fein hobeln. Den Apfel vierteln, schälen und das Kerngehäuse entfernen. Apfelviertel fein reiben und zum Rotkohl geben. Mit dem Rotweinessig, dem Zucker und etwa 1 EL Meersalz marinieren und 24 Stunden ziehen lassen.

2   Am nächsten Tag für die Buchteln Mehl, 1 bis 2 TL Zucker und 1/2 TL Meersalz mischen und in die Mitte eine Mulde drücken. Die Milch lauwarm (etwa 40 °C) erwärmen und die Hefe darin auflösen. Die Butter zerlassen, etwas abkühlen lassen und mit der Hefemilch verrühren. Nach und nach in die Mulde gießen, dabei etwas Mehl untermischen. Das Eigelb dazugeben und alles zu einem glatten Teig verkneten. Den Teig an einem warmen Ort 2 Stunden gehen lassen.

3   Den Backofen auf 200 °C (Umluft) vorheizen. Eine flache ofenfeste Form mit Butter einfetten. Aus dem Teig Kugeln von etwa 5 cm Durchmesser formen und Kugel an Kugel in die Form legen. Die Buchteln im Ofen auf der mittleren Schiene 20 Minuten goldbraun backen.

4   Inzwischen das marinierte Blaukraut auf einem Sieb abtropfen lassen, dabei die Flüssigkeit auffangen. Die Schalotten schälen und in feine Streifen schneiden. In einem Topf 20 g Butter erhitzen und die Schalotten darin glasig dünsten. Das Rotkraut zu den Schalotten geben und bei mittlerer Hitze 5 Minuten mitdünsten.

5   Zimt, Lorbeerblatt, Gewürznelken und Wacholderbeeren zum Rotkraut geben und mit dem Rotwein ablöschen. Nach und nach die Brühe und die aufgefangene Flüssigkeit vom Kraut dazugießen und unter Rühren immer wieder einkochen lassen, bis das Blaukraut gegart ist. Die Preiselbeeren dazugeben, nochmals mit Meersalz und gegebenenfalls mit Zucker würzen. Mit dem Portwein und dem Balsamico abschmecken und mit der restlichen Butter binden.

6   Für die Schokoladenstreusel das Mehl, den Zucker und das Kakaopulver mit dem Eigelb und der Butter verkneten und mit 2 Prisen Meersalz würzen. Die Masse in eine gefettete, ofenfeste Form bröckeln. Die Buchteln aus dem Ofen nehmen und die Backofentemperatur auf 165 °C (Umluft) herunterschalten. Streusel im Ofen auf der mittleren Schiene etwa 6 Minuten backen. Das Blaukraut auf vorgewärmte Teller verteilen, die Buchteln darauf anrichten und mit den Schokoladenstreuseln bestreuen.

Winterlasagne
mit Rosenkohl, Taleggio und Orange

Zutaten für 4 Personen

8 kleine Schalotten
40 g Butter
2 EL Mehl
400 ml Milch
Räuchersalz
12 Rosenkohlröschen
1 Orange
2 EL Möhrenwürfel
2 EL Kartoffelwürfel
60 g saure Sahne
300 g Taleggio (ital. Weichkäse; siehe Tipp)
12 Lasagneblätter

1 Den Backofen auf 180 °C (Umluft) vorheizen. Die Schalotten schälen und in feine Würfel schneiden. Die Butter in einer Pfanne erhitzen und die Schalotten darin glasig dünsten. Mit dem Mehl bestäuben, kurz anschwitzen und die Milch angießen. Mit 2 Prisen Räuchersalz würzen und etwa 5 Minuten leicht köcheln lassen.

2 Den Rosenkohl putzen und die äußeren Blätter entfernen, den Strunk keilförmig herausschneiden und die einzelnen Blätter ablösen. Die Orange so großzügig schälen, dass auch die weiße Haut mit entfernt wird. Die Filets zwischen den einzelnen Trennhäuten herausschneiden.

3 Die Rosenkohlblätter mit den Möhren- und Kartoffelwürfeln zur Béchamelsauce in die Pfanne geben und kurz erhitzen. Die Orangenfilets hinzufügen und die saure Sahne unterrühren.

4 Den Taleggio in Scheiben schneiden. Gemüse, Taleggio und Lasagneblätter abwechselnd in eine ofenfeste Form schichten, dabei mit Gemüse beginnen und mit Taleggio abschließen. Die Lasagne im Ofen auf der mittleren Schiene 15 Minuten garen. Herausnehmen und in Stücke teilen. Nach Belieben mit je 1 Orangenfilet und Petersilienblatt garnieren.

Tipp: Taleggio ist ein Weichkäse aus Norditalien. Da er gut schmilzt, eignet er sich wunderbar für die warme Küche. Er harmoniert aber auch bestens zu Salaten wie Radicchio und Rucola und schmeckt fein zu Feigen oder Tomaten. Ersatzweise können Sie für die Winterlasagne Brie oder Camembert nehmen.

Süße Mohnschupfnudeln mit Pralinensauce

Zutaten für 4 Personen

Für die Mohnschupfnudeln:
350 g mehligkochende Kartoffeln
50 g gemahlene Mohnsamen
120 g doppelgriffiges Mehl
(z.B. Wiener Grießler)
1 Ei
abgeriebene Schale von
1 Bio-Zitrone
abgeriebene Schale von
1 Bio-Orange
Meersalz
50 g Zucker

Für die Pralinensauce:
60 g Nougat
60 g Zartbitterkuvertüre
(64 % Kakaoanteil)
250 g Sahne
3 Eigelb
20 g Zucker
2 EL alter Rum

Außerdem:
80 g Butter
1 EL Zucker
1 Msp. Zimtpulver

1　Für die Mohnschupfnudeln den Backofen auf 180 °C (Umluft) vorheizen. Die Kartoffeln auf einem Backblech im Ofen auf der mittleren Schiene etwa 80 Minuten weich garen. Im ausgeschalteten Ofen bei leicht geöffneter Tür etwa 10 Minuten ausdampfen lassen. Abkühlen lassen.

2　Inzwischen für die Pralinensauce den Nougat und die Kuvertüre in kleine Stücke schneiden. Die Sahne in einem Topf zum Kochen bringen. Die Eigelbe mit dem Zucker in einer Metallschüssel verrühren. Die Sahne unterrühren und die Masse im heißen Wasserbad erhitzen, dabei mit einem flexiblen Teigschaber ruhig, aber beständig von der Schüsselwand wegrühren (das nennt man »zur Rose abziehen«). Die Eier-Sahne-Masse dabei auf etwa 80 °C erhitzen. Die Eier-Sahne-Creme durch ein feines Sieb in eine Schüssel streichen. Nougat und Kuvertüre hinzufügen und rühren, bis alles geschmolzen ist. Zum Schluss den Rum untermischen. Die Pralinensauce abkühlen lassen.

3　Die Kartoffeln abgießen und etwas abkühlen lassen. Dann pellen und durch die Kartoffelpresse in eine Schüssel drücken. Mohn, Mehl, Ei und Zitrusschalen und 1 Prise Meersalz dazugeben und alles zu einem Teig verkneten. Den Teig zugedeckt etwa 20 Minuten ruhen lassen.

4　In einem Topf 5 l Wasser mit 3 Prisen Salz und dem Zucker aufkochen. Den Kartoffelteig zu einer Rolle von etwa 3 cm Durchmesser formen und in etwa 2 cm dicke Scheiben schneiden. Aus den Teigstücken etwa 5 cm lange, an beiden Enden spitz zulaufende Nudeln formen. Die Schupfnudeln in das Wasser geben, aufkochen und etwa 3 Minuten ziehen lassen, bis sie nach oben steigen. Die Schupfnudeln in ein Sieb abgießen, kalt abschrecken und auf einem Küchentuch abtropfen lassen.

5　Die Butter in einer Pfanne erhitzen und bei mittlerer Hitze leicht braun werden lassen. Den Zucker mit dem Zimt auf einem Teller mischen. Die Schupfnudeln in der Butter rundum anbraten, herausheben und in dem Zimtzucker wenden. Anrichten und mit der Pralinensauce servieren.

Tipp: Aus der Pralinensauce stelle ich manchmal auch ein feines Eis her. Dafür einfach die Masse in der Eismaschine oder in einer Schüssel im Tiefkühlfach (siehe Tipp S. 185) zu Eis gefrieren lassen.

Lebkuchen-Schokoladen-Mousse mit eingelegten Gewürzorangen

Zutaten für 4 Personen

Für die Gewürzorangen:
6 Orangen
700 ml trockener Weißwein
500 g Honig
200 g Zucker
1 Zimtstange
1 Lorbeerblatt
5 Gewürznelken
5 grüne Kardamomkapseln
abgeriebene Schale von
1 Bio-Orange
5 EL Grenadine (Granatapfelsirup)

Für die Lebkuchen-Schokoladen-Mousse:
200 g Zartbitterkuvertüre
(64 % Kakaoanteil)
200 g Lebkuchen (ohne Glasur)
5 EL alter Rum
5 Eier
75 g Zucker
1 Tasse Espresso
1 Msp. Lebkuchengewürz
250 g Sahne

1 Vier bis zwei Wochen vor der Zubereitung für die Gewürzorangen die Orangen so großzügig schälen, dass auch die weiße Haut mit entfernt wird. Den Wein mit den übrigen Zutaten in einen großen Topf geben und 3 Minuten köcheln. Die Orangen hinzufügen und erneut aufkochen. Die Orangen in dem Sud 2 bis 4 Wochen kühl stellen (sie bekommen dabei eine leicht rötliche Außenschicht).

2 Am Zubereitungstag für die Lebkuchen-Schokoladen-Mousse die Kuvertüre grob hacken und in einer Metallschüssel im heißen Wasserbad schmelzen – sie soll dabei maximal 50 °C warm werden. Den Lebkuchen in Würfel schneiden und in einer Schüssel mit dem Rum marinieren.

3 Die Eier trennen und die Eigelbe mit 50 g Zucker, lauwarmem Espresso und Lebkuchengewürz cremig rühren. Die Eiweiße mit dem restlichen Zucker zu steifem Schnee schlagen. Die Sahne cremig (nicht steif!) schlagen.

4 Die Kuvertüre aus dem Wasserbad nehmen und die Eigelb-Espresso-Mischung unterrühren. Den Eischnee und zum Schluss die Sahne unterheben. Die Lebkuchenwürfel untermischen.

5 Die Orangen aus dem Sud nehmen und in Scheiben schneiden. Die Lebkuchen-Schokoladen-Mousse mit den Gewürzorangenscheiben auf Tellern anrichten und mit etwas Orangensud beträufeln.

Tipp: Die Gewürzorangen sind ein Rezept aus meiner Lehrzeit. Ich lege immer gleich die doppelte Menge ein, damit sich der Aufwand lohnt. Die Orangen schmecken auch köstlich mit Eiscreme oder zu lauwarmem Schokoladenkuchen.

Schwarzbrot-Schoko-Kuchen mit Zitronenjoghurt

Zutaten für 4 Personen

Für den Schwarzbrot-Schoko-Kuchen:
100 g Zartbitterschokolade
100 g Butter
70 g Schwarzbrotbrösel
2 kleine Eier

Für den Zitronenjoghurt:
2 EL Naturjoghurt
1 Spritzer Zitronensaft
1 TL Puderzucker

Außerdem:
40 g Zartbitterkuvertüre
(64 % Kakaoanteil)

1 Für den Schwarzbrot-Schoko-Kuchen den Backofen auf 210 °C (Umluft) vorheizen. Die Schokolade grob hacken, mit der Butter in eine Metallschüssel geben und im heißen Wasserbad schmelzen. Die Brotbrösel und die Eier unterrühren. Die Masse etwas abkühlen lassen, dann in vier Vertiefungen eines Mini-Gugelhupf-Backblechs (für 24 Stück; aus Silikon, Vertiefungen etwa 4 x 2 cm) verteilen. Die Mini-Kuchen im Ofen auf der mittleren Schiene etwa 10 Minuten backen.

2 Inzwischen für den Zitronenjoghurt den Joghurt mit Zitronensaft und Puderzucker glatt rühren und in eine kleine Spritzflasche füllen. Die Kuvertüre grob hacken, in eine Metallschüssel geben und im heißen Wasserbad schmelzen.

3 Die Mini-Kuchen aus dem Ofen nehmen, etwa 1 Minute abkühlen lassen und stürzen. Die warmen Kuchen nach Belieben mit Früchten (siehe Tipp) auf Tellern anrichten und die Kuvertüre darüberträufeln. Nach Belieben noch etwa 20 g weiße Kuvertüre schmelzen und ebenfalls über die Küchlein träufeln. Mit dem Zitronenjoghurt dekorieren.

Tipp: Die Mini-Kuchen schmecken das ganze Jahr über. Im Winter serviere ich sie gerne mit Früchten, die ich bereits im Sommer oder Herbst eingelegt habe. Im Sommer, wenn es frische Aprikosen gibt, schmecken auch Vanille-Aprikosen sehr fein dazu (siehe Foto): Dafür 6 Aprikosen waschen, halbieren, entsteinen und in Spalten schneiden. In einem Topf 50 g Zucker bei mittlerer Hitze goldbraun karamellisieren. 1/4 TL Speisestärke in wenig Weißwein glatt rühren. Den Karamell mit etwa 100 ml Weißwein ablöschen. Eine Vanilleschote längs aufschneiden und das Mark herauskratzen. Vanilleschote und -mark zum Karamell geben. Die Stärkemischung hinzufügen und alles etwa 5 Minuten köcheln lassen. Die Aprikosen dazugeben, aufkochen und den Topf vom Herd nehmen.

Topfen-Spekulatius-Knödel und Nougatparfait auf glasierten Mandarinen

Zutaten für 4 Personen

Für das Nougatparfait:
100 g Nougat · 2 Eigelb
25 g Zucker · 150 g Sahne

Für die glasierten Mandarinen und die Spekulatiusbrösel:
2 Mandarinen · 135 g Zucker
100 ml trockener Weißwein
120 ml Mandarinensaft (ersatzweise Orangensaft) · 1 Zimtstange
Salz · 1 Spritzer Zitronensaft
4 Spekulatiuskekse
2 EL flüssige Butter

Für die Topfenknödel:
110 g Weißbrot (ohne Rinde)
2 kleine Eier · 50 g Zucker
45 g weiche Butter
330 g Topfen (oder 400 g Speisequark, abgetropft; siehe S. 167)
Salz · 1 Msp. abgeriebene Bio-Oran-
genschale · Mark von 1 Vanilleschote

1 Für das Nougatparfait den Nougat klein schneiden. Die Eigelbe mit dem Zucker in einer Metallschüssel verrühren und im heißen Wasserbad hellschaumig aufschlagen. Dann in der Küchenmaschine oder im kalten Wasserbad so lange rühren, bis die Masse abgekühlt ist, dabei den Nougat unterrühren. Die Masse sollte am Ende fast weiß sein.

2 Die Sahne steif schlagen und unter die Parfaitmasse heben. Eine Kastenform (25 cm Länge) mit Frischhaltefolie auslegen. Die Parfaitmasse 3 bis 4 cm hoch einfüllen und im Tiefkühlfach mindestens 7 Stunden gefrieren lassen.

3 Für die glasierten Mandarinen die Mandarinen schälen, in die einzelnen Filets teilen und mit einem kleinen Messer alle weißen Fäden entfernen. In einer Pfanne 120 g Zucker goldbraun karamellisieren. Mit dem Wein ablöschen und den Karamell unter Rühren wieder auflösen. Den Mandarinensaft und den Zimt hinzufügen. Die Mandarinenfilets dazugeben und einmal kurz aufkochen. Mit 1 kleinen Prise Salz und dem Zitronensaft abschmecken und abkühlen lassen.

4 Für die Topfenknödel das Weißbrot im Küchenmixer zu Bröseln mahlen. Die Eier mit 45 g Zucker schaumig schlagen, die Butter hinzufügen und weiterschlagen. Den Topfen unterrühren, mit 1 Prise Salz, der Orangenschale und dem Vanillemark abschmecken und die Weißbrotbrösel unterrühren. Die Masse in ein Tuch einschlagen und im Kühlschrank 1 Stunde ruhen lassen.

5 Inzwischen für die Spekulatiusbrösel die Spekulatiuskekse fein zerbröseln und mit dem restlichen Zucker und der Butter mischen. In eine kleine Schüssel geben.

6 Aus der Topfenmasse kleine Knödel formen. Reichlich Salzwasser mit dem restlichen Zucker in einem großen Topf aufkochen. Die Knödel hineingeben und die Temperatur sofort reduzieren. Die Knödel 3 Minuten ziehen lassen, mit dem Schaumlöffel heraus-heben und in den Spekulatiusbröseln wenden.

7 Das Parfait aus der Form stürzen und in Ecken schneiden. Die glasierten Mandarinen auf Teller verteilen und die Topfen-Spekulatius-Knödel und die Nougatparfait-Ecken darauf anrichten.